KB268793

세계시골마을

한번 가면 평생 잊지 못할 **세계시골마을**

초판 1쇄 인쇄 2011년 7월 8일   초판 1쇄 발행 2011년 7월 13일

지은이 이형준   펴낸이 연준혁

출판1분사 분사장 최혜진
편집 김세희   디자인 하은혜
제작 이재승 송현주

펴낸곳 (주)위즈덤하우스   출판등록 2000년 5월 23일 제13-1071호
주소 (410-380) 경기도 고양시 일산동구 장항동 846번지 센트럴프라자 6층
전화 031) 936-4000   팩스 031) 903-3891
전자우편 yedam1@wisdomhouse.co.kr   홈페이지 www.wisdomhouse.co.kr
출력 엔터   종이 화인페이퍼   인쇄·제본 영신사

값 15,000원   ISBN 978-89-5913-635-3 13900

* 잘못된 책은 바꿔드립니다.
* 이 책의 전부 또는 일부 내용을 재사용하려면
  사전에 저작권자와 (주)위즈덤하우스의 동의를 받아야 합니다.

국립중앙도서관 출판시도서목록(CIP)

(한번 가면 평생 잊지 못할) 세계시골마을 / 지은이: 이형준.
— 고양 : 위즈덤하우스, 2011
p. ;   cm
ISBN 978-89-5913-635-3 13900 : ₩15000

세계 여행[世界旅行]

980.24-KDC5
910.4-DDC21   CIP2011002773

한번 가면
평생 잊지 못할

세계시골마을

이형준 글·사진

effield, Batuan, Naoshima, Labadee
nt Paul de Vence, St. Moritz
i Bou Said, Key West, Cojimar, Thaishan
an, Rüdesheim, Hop, Luang Prabang
mpia, Salzkammergut, Petra, Rila
han Kala, Khajuraho

ntillana del Mar, Memphis
sky Krumlov, Pamukkale, Troodos
orongoro, Rovaniemi, Yellowknife
ke Inle, Orvieto, Hay on Wye
mpong Ayer, Victoria Falls, Folk Village
aux Cerfs, Moorea, Gallivare, Palau

사람 냄새 진동하는 꿈의 마을로 여러분을 초대합니다

어떤 이는 일상으로부터 탈출을 위해 어떤 사람은 보다 넓은 세상을 둘러보기 위해 여행을 떠난다. 나의 첫 여행도 엄청난 계획이나 목적보다 내가 태어난 지구라는 별을 한 바퀴 둘러보기 위해서 시작되었다. 처음 해외여행을 시작한 이후 24년 동안 130여 개국 2500곳이 넘는 도시와 시골을 둘러보았다. 앞으로 또 얼마나 많은 시간이 소요될지 알 수는 없지만 아무래도 나의 지구별 여행은 지속될 것 같다.

해외여행을 시작한 초기에는 런던, 파리, 로마, 뉴욕, 도쿄 같은 대도시를 중심으로 둘러보았다. 도시를 여행하다 산촌 마을이나 농어촌에 머무는 경우도 간혹 있었지만 주로 도시를 찾았다. 도시를 중심으로 여행하던 중 시골의 매력에 빠져들게 된 것은 유럽의 동화마을을 찾기 시작하면서부터다. 동화 속 주인공처럼 살아가는 마이엔펠트와 알스펠트 주민들, 동화가 탄생할 당시의 모습이 고스란히 보존되어 있는 힐탑, 하트필드, 스모랜드는 나로 하여금 시골을 찾게 만드는 계기를 제공했다.

유럽 동화마을에 푹 빠져든 나는 20년 넘게 나름 꽤 많은 시골을 둘러보았다. 몇 해 전 모 신문에서 세계 오지와 시골에 관한 원고청탁을 받

고 그동안 내가 지나왔던 마을을 정리하다 스스로 그 숫자에 깜짝 놀라
고 말았다. 두 발로 걸었던 마을이 자그만치 1000여 곳이 넘었다. 대도
시에 묻혀 역사 속에서나 접할 수 있는 고대 문명 발상지에서부터 넉넉
하지 않은 살림에 삼대가 한데 어울려 살아가는 수상가옥, 배낭을 둘러
매고 길을 걷는 이방인에게 수줍은 미소로 물을 건네는 아낙이 거주하
는 산촌까지.

　시골 마을은 인간의 고향인 것 같다. 대도시에서 태어나 평생을 그곳
에 거주했던 뉴요커와 파리지앵도 작은 마을이나 프로방스 지방의 시골
을 그리워하는 것 같다. 최소한 내가 알고 있는 서울, 뉴욕, 런던, 파리에
거주하는 지인들은 정도의 차이는 있지만 하나같이 그런 생각을 가슴
한구석에 담고 살아가고 있다. 왜 국가, 언어, 피부를 떠나 많은 사람들
이 아무런 관련 없는 시골을 고향처럼 생각할까? 정확한 답을 추정할 순
없지만 아마도 언어가 통하지 않아도 눈인사와 미소로 이방인을 반기고
배려하는 사람들 때문이 아닐까. 그리고 각박한 오늘을 살아가는 우리
에게 진정 소중한 것이 무엇이며, 행복이란 어떤 것인지 몸으로 느끼게

해주는 공간이란 의식 때문이 아닐까라고 생각해본다.

낯선 곳을 돌아다니며 사진을 찍고 글을 쓰는 일에 종사하는 나는 지금도 여행을 떠나기 전날이면 잠을 이루지 못한다. 학창 시절 소풍을 앞둔 전날 밤처럼. 처음 방문하는 곳이건 여러 차례 찾았던 장소이건 새롭게 접할 풍물과 풍광, 그리고 그곳을 터전으로 살아가는 사람들과의 조우를 생각하면 깊은 잠을 이룰 수가 없다.

이 책을 통해 여러분도 나와 함께 사람 냄새 진동하는 꿈의 시골 마을로 들어가보길 바란다.

한여름을 앞둔 어느 날

이형준

여는 글
사람 냄새 진동하는 꿈의 마을로 여러분을 초대합니다 ························· 004

창즈적인 사람들의
숨결이 가득한
예술 마을

Sheffield, Batuan, Naoshima, Labadee
Saint Paul de Vence, St. Moritz
Sidi Bou Said, Key West, Cojimar, Thaishan
Bran, Rüdesheim, Hop, Luang Prabang
Olympia, Salzkammergut, Petra, Rila
Itchan Kala, Khajuraho
Santillana del Mar, Memphis
Cesky Krumlov, Pamukkale, Troodos
Ngorongoro, Rovaniemi, Yellowknife
Lake Inle, Orvieto, Hay on Wye
Kampong Ayer, Victoria Falls, Folk Village
Ile aux Cerfs, Moorea, Gallivare, Palau

창조적인 사람들의
숨결이 가득한

예술 마을

호주 ····▶ 세필드

　　지구촌에는 흥미로운 마을이 많다. 어떤 마을은 유구한 역사로, 어떤 마을은 매력적인 풍물과 풍광으로 많은 이의 이목을 끈다. 사람마다 보는 눈이 다른 만큼 어느 특정 지역이나 마을이 좋다고 말하는 것은 어쩌면 모순일지도 모르겠다. 그래도 130여 개국, 2500곳에 달하는 도시와 시골을 둘러본 나의 경험을 믿고 감히 말하건대, 오스트레일리아 태즈메이니아Tasmania의 크레이들Cradle 산자락에 자리한 마을, 세필드Sheffield만큼 매혹적인 곳도 없을 성싶다.

　　멜버른 항구에서 출발하는 호화 유람선 '스피릿 오브 태즈메이니아Spirit of Tasmania'를 타고 망망대해를 10여 시간 남짓 이동해 다다른 곳

은 북부 태즈메이니아의 관문인 항구 도시 데번포트Devonport. 정겨운 항구에서 대여한 자동차를 타고 다시 크레이들 산 국립공원을 향해 한 시간쯤 달려서야 셰필드 마을에 이를 수 있었다.

산들이 병풍처럼 둘러선 셰필드는 200여 호에 달하는 농가, 주택, 상점을 중심으로 150여 년 동안 한 자리를 지켜왔다. 셰필드는 영국 중북부의 셰필드 지역에서 이주해 온 사람들 다수가 정착하면서 붙은 지명이다. 주민이라고 해봤자 고작 몇백 명에 불과한 셰필드가 여느 마을과 다른 점이 있다면, 마을 전체가 온통 벽화로 장식되어 있다는 것이다.

셰필드 마을은 그야말로 하나의 거대한 미술관이다. 마을 전체가 벽화로 가득한 셰필드는 주민들 스스로 그들 삶의 터전을 다른 지역과 차별화하기 위해 힘을 모아 예술 마을로 빚어낸 보기 드문 경우다. 그들이 수십 차례의 회의 끝에 내린 결정은 마을 자체를 문화 상품으로 특화시키자는 것이었다. 그림에 재능 있는 주민들이 밑그림을 그리면 나머지 주민들이 벽화를 마무리하는 방식으로 하나둘씩 벽화를 완성해갔다. 이러한 주민들의 작은 노력 하나하나가 60년 가까이 이어져 오늘날 셰필드를 명소로 만드는 기반이 되었다.

평범한 마을 셰필드가 타지인들의 이목을 집중시키는 이유는 두말할 것도 없이 벽화다. 마을에 그려진 벽화는 줄잡아 100여 점이 넘는다. 건물 크기에 따라 다르지만 작품의 크기가 폭 2~3미터, 길이 5~6미터에 이른다. 폭 3~4미터에 길이 10미터가 넘는 작품도 꽤 있다.

그림의 내용 또한 다양하다. 영국에서 이주해 온 이민자들이 태즈메이니아를 개척하던 당시의 모습을 그린 벽화부터 범국가적인 주요 행사

예술 마을 ⋯

농부가 씨를 뿌리는 그림. 대부분의 벽화가 그 건물의 역사를 담고 있다
과거에 인쇄소였음을 알려주는 공방 벽의 벽화

Homemade ICE CREAM
little Weindorfers
REAL COFFEE
HOMEMADE ICE CREAMS, CAKES & SWEETS
OASIS

장면에 이르기까지. 마을을 장식하고 있는 벽화를 둘러보다 보면 마을이 처음 생겨날 당시로 시간 여행을 떠나온 듯한 느낌이다. 공공 건물로 쓰였던 큰 건물의 벽화에는 국가 차원의 주요 행사와 사건이 고스란히 담겨 있고, 삶의 터전이었던 농가와 상점의 벽들은 직업과 연관된 벽화들로 장식되어 있다. 타운홀로 쓰였던 건물 벽에는 이민자들이 살아가는 데 꼭 필요한 주택과 농장을 만드는 광경이, 시민 회관으로 쓰였던 건물에는 주민들이 모여 토론을 펼치는 장면이 그려져 있다. 그리고 주민들의 휴식처인 작은 광장 벽에는 셰필드 마을의 발전사를 그려놓았다.

큰길 따라 늘어선 농가와 상점에 그려놓은 벽화에는 지극히 개인적인 사연이 담겨 있다. 마을 입구에 터를 잡고 있는 건물은 옛날 역마차가 쉬어 가던 장소로, 사람들과 우편물이 실린 역마차를 그린 벽화로 장식되어 있다. 말굽과 농기구를 제작해 판매하던 대장간 벽에는 마차 용구와 농기구를 제작하는 장인의 모습이 그려져 있어 누구나 그 건물의 용도를 짐작할 수 있다.

셰필드 마을에 세워진 건물마다 흥미로운 벽화가 그려져 있지만, 그중에서도 유독 눈에 띄는 곳이 있다. 바로 옛 교회와 숙박 시설로 사용했던 건물, 그리고 웅장한 자연 풍광을 그려놓은 농가다. 마을 건물들 중에서 규모가 가장 큰 옛 교회 터에 그려진 벽화는 여러 벽화 중에서도 유독 돋보인다. 폭 4미터, 길이 40미터가 넘는 벽면에 그려진 이 거대한 벽화는 셰필드가 어떤 마을인지 잘 보여준다. 벽면 중앙에 그려진 길이가 10미터가 넘는 '씨 뿌리는 농부' 그림은 농부가 새로 개간한 밭에 씨를 뿌리는 장면을 형상화한 것으로, 초기 이민자들이 어떤 삶을 살았는지 생생히 보여준다. 셰필드 마을의 벽화는 유명 미술관이나 박물관에 소장된 작품에 비해 예술성이 떨어지지만 나름의 매력을 지니고 있다. 거대한 벽화임에도 뛰어난 색채와 세련된 표현 기법은 여느 명화 못지않다. 무엇보다 놀라운 것은 흙냄새, 풀냄새 물씬 나는 마을 사람 자신들의 삶을 그대로 담아냈다는 점이다. 그래서 벽화로 가득한 마을 거리를 걷다 보면 누구나 그 그림들 속의 시간으로 돌아간 듯한 착각을 불러일으키게 된다.

셰필드 주민들은 과거에 대한 애착이 유별나다. 전통적인 방법으로 나무 공예품을 만드는 공방이며, 마을에 자리한 숙박 시설과 식당, 잡화점은 처음 건물이 지어진 뒤 100년이 넘도록 옛 모습을 그대로 간직하고 있다. 실내를 새롭게 단장해놓은 숙박 시설과 식당도 있지만 전반적인 외관은 옛 모습을 고스란히 보존하고 있다.

옛것을 소중히 여기는 사람들답게 그네들의 삶 또한 옛날과 별반 다르지 않다. 어느 식당 주인은 조상들이 즐겨 입던 전통 복장 차림으로 손님을 맞고, 관광 안내소에 근무하는 직원도 개척시대에 유행했던 복장으로 일하고 있다. 이런 모습은 비단 관광업이나 음식점을 운영하는 이들에게만 해당되지 않는다. 주민들이 일상생활에서 쓰는 생활용품과 농기구도 박물관에서나 찾아볼 법한 해묵은 것들이다.

지명조차 생소한 오스트레일리아의 작은 농촌 마을, 셰필드는 우리에게 많은 것을 시사한다. 비록 우리와 환경도 여건도 전혀 다른 곳이지만, 생각과 의식의 전환만으로도 어려운 현실을 극복하고 충분히 새롭게 거듭날 수 있음을 보여주고 있다.

개척시대의 모습을 고스란히 담아낸 벽화를 촬영하는 관광객

인도네시아 ····▸ 바투안

개성이 돋보이는 사원, 경쾌한 가믈란_{인도네시아의 민속 음악}의 선율을 접할 수 있는 섬 발리. 동남아시아를 대표하는 휴양지로 널리 알려진 발리. 하지만 그게 전부는 아니다. 초호화 리조트부터 정감 넘치는 산촌 마을까지 갖가지 삶의 모습이 공존하는 섬 발리에는 주민들의 깊은 신앙심만큼이나 흥미로운 이야기를 감추고 있는 고장이 즐비하다. 그중 한 곳이 발리 섬 남부 내륙에 자리한 작은 마을, 바투안_{Batuan}이다.

리조트의 안락한 잠자리에서 빠져나와 서둘러 아침을 해결하고 미리 예약한 택시에 몸을 맡겼다. 섬의 관문인 덴파사르_{Denpasar}를 빠져나온

택시는 한 시간쯤 달려 목적지인 바투안에 멈춰 섰다. 바투안 마을은 농촌보다 작은 상점가처럼 보였다. 자동차 두 대가 겨우 오갈 수 있는 큰길을 따라 자리한 집들은 상점인지 주택인지 구분하기 어려웠다. 외관이 같은 건물이 하나도 없는 바투안은 오랫동안 벼농사로 생계를 유지해 온 전형적인 농촌 마을이다. 이런 마을이 얼마 전부터 발리의 미를 대표하는 새로운 명소로 각광받고 있다.

원래 바투안 주민들의 본업은 벼농사였다. 그런데 요즘 들어 많은 주민이 벼농사 대신 새로운 직종에 뛰어들어 고소득을 올리고 있다. 이들이 새롭게 시작한 직종은 바로 그림이다. 전문 화가가 아닌 까닭에 손수 그림을 그리는 주민은 많지 않지만, 그림 판매와 직간접적으로 관련된 직종에 종사하는 주민의 수가 해마다 급격히 늘고 있다.

바투안 마을에서 그림을 그리고 판매하기 시작한 것은 꽤 오래전 일이다. 하지만 요즘처럼 농업과 더불어 주업으로까지 자리매김하게 된 것은 10여 년 전부터다. 농사로는 높은 수익을 기대할 수 없는 현실을 인식하면서 일부 주민이 농사짓기를 포기하고 그림 제작에 뛰어들게 된 것이다. 관광객이 증가하면서 새로운 수익을 창출할 방법을 다각도로 연구하던 중에 이웃 마을에서 시작된 공예 산업과 맥을 같이하는 그림을 선택하게 된 것. 처음에는 그림에 재능이 있는 주민들이 여가 시간을 활용해 그리는 수준이었다고 한다. 그런데 시간이 지나면서 차츰 좋은 반응을 얻게 되었고, 지금은 꽤 많은 주민이 그림 제작에 직접 참여하고, 그림을 운반하고 판매하는 일에 종사하고 있다.

이렇게 그림을 제작하고 판매하는 주민이 나날이 늘어나면서 지금은

수십 가구에 이르는 가정집이 공방으로 활용되고 있다. 한 걸음 더 나아가 아예 작은 그림 학교와 갤러리를 운영하는 곳도 생겨나고 있다. 현재 바투안 마을에 세워진 그림 학교는 7군데나 되고, 그림을 손수 제작하는 집이 100여 곳이 넘으며, 주민들이 제작한 그림을 판매하는 곳도 수십 곳에 이른다.

손재주 뛰어난 주민으로부터 시작되었던 그림 산업은 일종의 미술 전문학교를 탄생시키는 계기가 되었다. 바투안의 미술 학교에서는 5~10명의 학생이 선생님의 지도 아래 작화 기법을 배운다. 학생 대부분이 젊은이지만 간혹 늦깎이 학생도 찾아볼 수 있다.

그림 실력이 부족한 주민들은 그림과 관련된 업종에 종사한다. 자기 집을 가게 삼아 그림을 팔기도 하고, 그림 운반일을 하기도 한다. 그중 가장 많은 주민이 참여하는 분야는 그림 판매일이다. 바투안과 인근 마을의 그림 가게는 족히 30곳에 이르며 종사자만 해도 100명이 넘는다.

그림 가게와 갤러리의 규모도 크게는 100제곱미터가 넘는 곳부터 작게는 10제곱미터에 불과한 곳까지 천차만별이다. 갤러리와 가게마다 판매하는 그림의 종류도 제각기 다르다. 대개는 여러 종류의 그림을 두루 취급하지만 어떤 곳에서는 꽃이나 식물, 나무 그림만 취급하고, 또다른 곳에서는 동물 그림이나 주민의 생활상을 담은 풍경화만 취급하는 등 나름대로 특화된 그림을 판매하는 곳도 어렵지 않게 찾아볼 수 있다.

그림의 가격대 폭 또한 넓다. 보통 10달러부터 1000달러를 호가하는 작품까지 다양하지만, 주로 거래되는 가격대는 50~300달러 안팎이다. 가격의 폭이 이렇게 큰 것은 작가마다 솜씨와 수준이 다르기 때문이다.

· 마을 큰길가에 자리한 작은 상점에 진열된 그림들
: 다양한 그림들을 판매하고 있는 마을의 한 상점. 이곳 말고도 그림 가게들이 즐비하다

바투안의 젊은 화가들
전형적인 농촌 마을의 생활상을 재현한 그림

바투안 마을의 그림 가게와 갤러리를 찾는 고객은 서양 관광객이 절대 다수를 차지한다. 바투안이 그림 마을로 소문이 나면서 한두 사람씩 찾아오기 시작한 것이 이제는 관광 코스에 버젓이 포함되어 있다. 바투안의 갤러리와 그림 가게를 찾아오는 버스와 승용차, 택시가 하루에 얼마나 되는지는 알 수 없지만, 매 시간 서너 대의 버스가 이곳에 손님을 내려놓은 광경은 쉽게 볼 수 있다. 최근에는 일본인 관광객도 이 대열에 가세하고 있다.

바투안 주민들이 제작하는 그림은 마을 안에서만 거래되는 것이 아니라 발리의 최대 도시인 덴파사르를 비롯해 이웃 도시인 우붓Ubud과 쿠타Kuta, 기아냐르Gianyar, 타나롯Tanah Lot 지역 등 주요 관광지와 휴양지, 면세점을 망라한다. 인도네시아의 여러 도시와 관광지의 그림 가게와 갤러리만 해도 수백 곳에 달한다. 이곳에서 거래되는 그림은 모두 바투안 주민들이 그려낸 작품이다.

발리는 아름다운 해변과 멋진 리조트가 즐비한 휴양지로 인식되어 있지만, 지금도 끊임없이 변화하며 발전하고 있다. 발리의 새로운 명소로 자리매김한 바투안 마을은 말할 것도 없고, 조각 공방과 그림 가게로 가득한 마을들과 11세기부터 14세기 발리의 이채로운 문화재를 엿볼 수 있는 부둘 고고학 박물관Bedulu Arkeologi Gedong Arca, 그리고 태고의 자연 속에서 살아가는 원숭이들을 만날 수 있는 '원숭이 숲'에 이르기까지 가는 곳마다 진기한 문화와 예술의 향기가 가득한 섬이 바로 발리다.

일본 ···▸ 나오시마

가가와 현香川縣 다카마쓰高松 항구에서 출발하는 페리의 갑판에 섰다. 잔잔한 바다에 안겨 나아가는 페리에 몸을 맡기고 콜롬비아산 커피 향에 취해 바라본 나오시마直島, Naoshima의 저녁 풍광이 심신의 피로를 단숨에 날려버린다. 바다를 응시하고 있는 나지막한 동산, 옹기종기 모여 있는 주택가는 너무도 고요하다. 아니 애틋하기까지 하다. 어린 시절 찾았던 바닷가, 외할머니 댁이 있던 마을처럼.

베네세 하우스 미술관Benesse House Museum, 지중미술관地中美術館, 아트하우스Art House 프로젝트로 대변되는 나오시마를 둘러보기 위해 피곤한 몸을 이끌고 숙소를 빠져나왔다. 붉은 아침 햇살에 모습을 드러낸 조형물들이 앞다투어 인사를 건넨다. 베네세 하우스 미술관에서 운영하는 네 곳의 호텔에서 아침을 맞는다면 누구나 경험할 수 있는 풍경이다.

프랑스 조형예술의 거장, 니키 드생팔Niki de Saint-Phalle의 〈독서를 즐기는 모습〉을 보고 있자니 가방에 넣어 온 책을 읽고 싶은 충동이 발동한다. 독서의 충동을 자극하는 조각상 주변으로 10여 점에 이르는 조형물이 흩어져 있다. 그중 유독 시선을 잡아끄는 작품이 있다. 금빛 모래사장이 끝나는 방파제 끝자락에서 바다를 응시하고 있는 〈호박〉이다. 노란 바탕에 검은 점들이 그려진 〈호박〉은 일본의 아방가르드 설치예술가, 야요이 쿠사마草間彌生, Yayoi Kusama의 대표작이다. 푸른 바다와 대조적인 색상을 띤 〈호박〉은 1994년에 제작된 조형물로, 나오시마의 랜드마크이기도 하다. 〈호박〉은 시간과 날씨, 바라보는 각도에 따라 다양한 이미지를 연출한다.

방파제 주변에서는 20여 점에 달하는 작품을 만날 수 있다. 바위틈 사이에 설치된 비디오 아트, 해변에 자리한 커다란 난파선, 넓은 잔디밭과 해변에 세워진 조각상까지. 해변의 작품들은 하나같이 편안하고 자연스러워 자연의 일부처럼 느껴질 정도다.

야요이 쿠사마의 또다른 작품 〈붉은 호박〉은 나오시마 항 선착장에 세워져 있다. 〈붉은 호박〉은 방파제에 세워진 〈호박〉보다 훨씬 큰 작품으로 자유롭게 드나들면서 관람하고 체험할 수 있다. 작품 안에 들어가 바라본 마을, 산과 바다는 갑판이나 항구에서 보았던 것과는 확연히 달랐다. 뭐랄까. 혼자만의 비밀 아지트에서 이색적인 풍경을 만끽하는 기분이랄까.

Naoshima

구리 제련소가 운영되던 시절, 나오시마는 공해 산업을 대표하는 흉물스러운 섬으로 인식되기도 했다. 공해의 섬이 세계적인 예술 공간으로 거듭나는 데 결정적인 역할을 한 것이 바로 베네세 하우스 미술관이다. 베네세 하우스 미술관은 바다와 숲이 내려다보이는 언덕에 세워져 있다. 돌과 쇠를 이용해 만든 초대형 조형물, 공사장을 기록해놓은 사진, 판화인지 사진인지 구분하기 어려운 판화, 아이들 장난감 병정을 모아놓은 것 같은 작품, 파도에 떠밀려온 나무를 모아놓은 듯한 설치작품, 벽에 색을 칠해 만든 작품, 광고판을 연상시키는 작품 등은 베네세가 어떤 미술관인지 짐작하게 해준다. 작품마다 개성이 넘치지만 무엇보다 관객의 시선을 붙잡는 것은 데이비드 호크니David Hockney의 회화작품과 레스토랑 벽에 걸려 있는 앤디 워홀Andy Warhol의 작품이다.

1992년 베네세 하우스 미술관에 이어 2004년에는 지중미술관이 문을 열었다. 나지막한 언덕 허리께에 자리 잡은 지중미술관은 일본 건축가 안도 다다오安藤忠雄, Ando Tadao가 설계해 유명세를 타는 건축물이기도 하다. 시멘트 콘크리트를 이용해 지하에 만든 미술관으로, 터키의 카파도키아 동굴 주거지와 스페인의 알타미라, 프랑스의 라스코 동굴, 인도의 아잔타 동굴에서 영감을 얻어 설계했다고 한다.

하지만 앞서 언급한 곳들을 모두 둘러본 나에게는 카파도키아나 알타미라 동굴보다 사하라 사막의 마트마타 지하 마을의 주택에 가까운 듯 보였다. 하지만 무엇보다 중요한 사실은 자연 훼손을 최소화하기 위해 지하에 건설했다는 점이다.

지중미술관은 프랑스 인상파 화가 클로드 모네Claude Monet, 미국 조각

ㆍ호텔이라기`보다는 하나의 건축 작품을 연상케 하는 파크 호텔 외관
：베네세 하우스 미술관에서 운영하는 호텔 앞에 전시된 조형물
：베네세 하우스 미술관 인근 방파제에 세워진 야요이 쿠사마의 대표작 〈호박〉

Naoshima

아이들이 들어가 놀 수 있게 만든 거대한 코끼리 나무 조각상

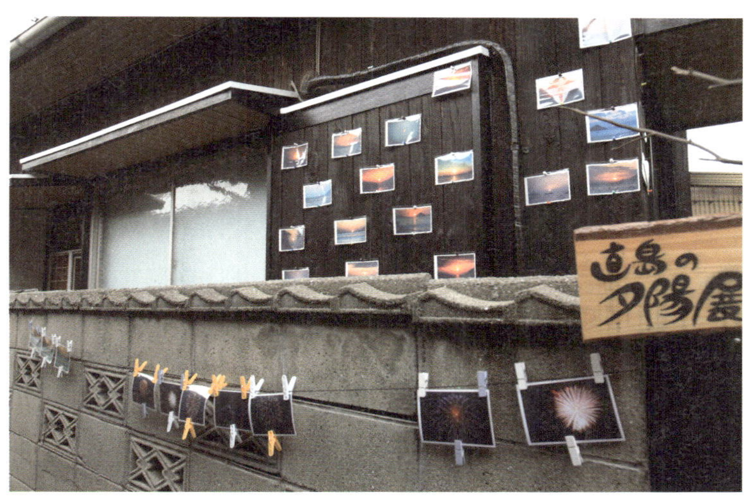

· 아트하우스 프로젝트에 의해 폐허에서 새로운 공간으로 거듭난 주택

가 월터 드마리아Walter de Maria, 광학적인 원리를 이용해 빛의 신비를 연출하는 '빛의 마술사', 제임스 터렐James Turrell을 위한 공간으로 쓰이고 있다. 그리고 앞으로도 변함없이 오직 이 세 사람을 위한 공간으로 활용될 것 같다. 그 이유인즉, 첫 설계 단계부터 이 세 명의 예술가를 위한 공간으로 건설했기 때문이다. 그런 탓에 지중미술관에 전시된 작품은 고작 6점에 불과하다. 얼마 전까지만 해도 아사히 맥주 회사에서 소유하고 있던 수련 2점을 임대 전시해 전시 작품이 총 8점이었으나, 지금은 모네 작품 3점과 제임스 터렐 작품 2점, 월터 드마리아 작품 1점이 전부다. 이렇게 6점에 불과하지만 작품의 이미지를 극대화해놓은 지중미술관은 방문객들로 하여금 끊임없이 탄성을 자아내게 만든다.

오늘날 나오시마가 세인들의 주목을 받게 된 것은 베네세 하우스 미술관이나 지중미술관 덕분이 아니다. 1998년부터 시작되어 지금도 여전히 진행되고 있는 아트하우스 프로젝트 때문이다. 베네세 하우스 미술관 주관 아래 진행되는 아트하우스 프로젝트는 폐허가 된 주택과 건축물, 유적지를 새로운 개념의 문화 예술 공간으로 바꿔나가는 사업이다. 이러한 신선하고 독특한 아트하우스 프로젝트가 작은 섬, 나오시마가 국제적인 명소로 자리매김하는 데 결정적인 역할을 했다.

폐허가 된 주택과 사찰, 신사, 도로를 문화 체험 공간으로 재탄생시키는 아트하우스 프로젝트의 주체는 나오시마 주민들이다. 기본 구성과 건물 재활용 작업에는 안도 다다오와 히로시 스키모토杉本博司, Hiroshi Sugimoto 같은 건축가와 예술가가 참여했지만, 많은 주민이 직접 작품 제작에 참여하고 있다. 나오시마의 혼마치 거리에 늘어선 100~200년 된 주택을 중심으로 폐허가 된 사찰과 신사를 활용하는 아트하우스 프로젝트 건축물들은 하나같이 개성이 넘친다. 현재 4곳이 완성되었고 지금도 작업은 진행중이다. 2001년 이후 지금까지 이곳을 세 차례 방문했던 나의 경험으로 미루어 짐작하건대, 아트하우스 프로젝트가 완료되면 지구촌 가족들은 또 한번 나오시마를 주목하게 될 것이다.

자랑거리는 고사하고 딱히 볼거리랄 게 없었던 나오시마. 이 작은 섬에 지구촌의 이목이 집중되는 것은 세련되고 멋진 미술관과 건축물이 새롭게 태어나고 있기 때문일 것이다. 하지만 무엇보다 중요한 것은 기발한 발상을 제안한 기획자와 그를 지지해주는 후원자, 그리고 그들을 믿고 함께하는 주민들이 공생하는 공간이라는 사실이다.

아이티 ···▸ 라바디

원주민 어로, '산이 많은 땅'이라는 뜻을 간직한 작은 섬나라 아이티 공화국. 2004년 내전과 2010년 대지진이라는 불행한 사건들로 전 세계 언론과 지구촌의 관심이 집중되었던 나라이지만, 과거에는 깨끗하고 아름다운 풍광과 독특한 문화를 접할 수 있는 곳으로 명성이 드높았다. 한반도 면적의 10분의 1에 불과한 좁은 국토에 830만 명이라는 적지 않은 사람들이 거주하는 아이티. 이곳 아이티 중에서도 카리브 해에 자리한 라바디Labadee는 좀 더 특별하다.

콜럼버스가 제1차 항해 때 함선의 닻을 내린 곳으로 역사에 등장한 라바디. 스페인 함대가 카리브 해와 중남미를 망라해 최초로 식민지에 건설한 항구로 유명한 라바디는 항구라기보다는 빼어난 휴양지로서 많은 이들을 불러 모으고 있다. 쪽빛 바다를 배경으로 끝없이 펼쳐진 백사장과 원시림에 가까운 울창한 밀림, 가파른 바위 해변이 멋진 조화를 이룬 라바디는 아이티 최고 휴양지 가운데 하나다.

수천 명이 함께 휴식과 여가, 해양스포츠를 즐길 수 있는 라바디 해변의 풍광은 그야말로 장관이다. 실오라기 하나 걸치지 않고 강렬한 카리브 해의 태양을 만끽하는 남녀, 늘씬한 각선미를 과시하듯 해변을 거니는 연인, 파라솔 의자에 앉아 독서 삼매경에 빠져 있는 애서가, 그리고 손바닥만 한 배에 몸을 싣고 어디론가 흘러가는 카약 마니아까지. 그러나 이방인을 유혹하는 곳은 낭만적인 풍경을 드리운 멋진 휴식처가 아니다.

천혜의 자연환경을 갖춘 낭만적인 마을 라바디에는 지구촌에서 가장 흥미로운 시장이 있다. 독특한 그림과 조각품을 거래하는 아트 마켓이 그 주인공이다. 그림 시장, 아트 마켓은 열대나무가 빽빽이 뿌리를 내린 마을 입구에 조성되어 있다.

두 동의 커다란 건물 주변에 터를 잡고 그림을 판매하는 가게가 줄잡아 수십 곳에 달한다. 수백 점의 그림을 가게 안과 거리에 펼쳐놓은 가게도 있고, 불과 몇십 점의 작품으로 손님을 유혹하는 작은 노점도 있다. 그뿐만이 아니다. 한쪽 모퉁이에서는 즉석에서 그림을 그려 판매하는 화가와 천을 이용해 즉석 인형과 공예품을 만드는 주민도 만날 수 있다. 아트 마켓은 단순한 그림 시장이라기보다는 다양한 장르의 예술품을 접할 수 있는 종합 미니 미술관에 가깝다.

Labadee

아트 마켓이라는 이름에 걸맞게 이곳에서 취급하는 그림과 조각 등은 뛰어난 예술성을 지니고 있다. 줄잡아 수천 점이 넘는 다양한 종류의 그림이 거래되는 라바디의 아트 마켓에는 두 가지 특징이 있다. 하나는 그림 대다수가 고갱의 작품처럼 단순하고 강렬한 색채를 사용했다는 점이고, 다른 하나는 주민들의 삶을 사실적으로 묘사해놓았다는 점이다.

앞서 말했듯이 아트 마켓에서 판매되는 그림들의 강렬한 색채와 간결한 터치는 언뜻 보면 고갱의 그림을 연상케 한다. 조금은 단순하면서 조잡해 보이는 부분도 있지만 아트 마켓에서 거래되는 그림은 하나같이 화려하고 독특한 색상이 돋보인다. 얼굴을 클로즈업한 인물화부터 수많은 군상을 담아낸 그림까지 모두가 단순하면서도 더없이 화려하다.

아트 마켓에서 만날 수 있는 그림이 이런 공통점을 갖게 된 데에는 그들의 고단한 역사와 문화가 깊이 맞물려 있다. 아이티 주민들은 오래전 아프리카에서 노예로 끌려온 흑인의 후예다. 그들의 고단한 삶과 강렬한 태양, 풍부한 자연이 결합된 산물이 강렬한 그림을 탄생시키는 발판이 되었을 것이다.

비록 거리 화상들의 싸구려 그림이긴 해도 아트 마켓에서 판매되는 그림은 뉴욕이나 뮌헨에서 거래되는 거장의 작품과 비교해 손색이 없다. 그래서인지 방문객들도 그림을 보면 주저 없이 지갑을 연다.

아트 마켓의 그림은 현실과 상상의 세계가 절묘한 조화를 이룬다. 전체 비율로 따져보면 사실적인 그림이 대부분이다. 사실적인 작품 중에는 카리브 해안과 주변 풍경을 그린 작품도 있지만, 대개는 주민들의 삶을 고스란히 담아놓은 작품들이다. 어부가 잡아 온 생선을 광주리에 담

· 아트 마켓을 둘러보는 관광객들
: 각종 그림과 목각 제품을 판매하는 아트 마켓의 노점

Labadee

· 카리브 해 특유의 강렬한 색상의 그림
: 강렬한 색채의 옷을 입은 아트 마켓 그림 속의 주인공들은 아이티 주민이다

아 머리에 이고 집으로 돌아가는 아낙들, 당나귀를 타고 일터로 향하는 아낙, 작은 오두막을 화려한 색상으로 칠해놓은 주택, 해변에서 뛰어노는 아이들의 모습 등 화폭에 담긴 그림은 라바디 어디서나 쉽게 접할 수 있는 풍경이다.

사실적인 그림과 달리 기발한 아이디어가 돋보이는 상상화도 눈에 띈다. 지구촌 어디서도 찾아볼 수 없는 화려한 빛깔이 빽빽이 얽혀 있는 밀림, 밀림 속 맹수들, 신비로운 우주 등을 담아낸 작품도 관광객들의 이목을 끊임없이 잡아끈다.

아트 마켓에서 거래되는 품목은 그림 말고도 여러 가지가 있다. 그 종류가 너무 많아 일일이 헤아릴 수 없지만, 그중 놓칠 수 없는 것은 아이티의 상징적인 토산품인 천 인형과 얇은 금속 액세서리, 목각 제품 등이다. 독특한 머리 모양과 색색의 의상을 차려입은 전통 인형은 아이티를 대표하는 토산품으로, 아트 마켓을 찾는 관광객들이 선호하는 품목 가운데 맨 앞자리를 차지하고 있다.

인도를 찾아 뱃길을 나아가던 콜럼버스가 카리브 해에 이르러 맨 처음 휴식을 취했던 곳. 스페인에 의해 카리브 제도 최초로 개항한 작은 섬 라바디. 그곳은 사계절 어느 때 방문해도 아름다운 자연과 더불어 편히 쉴 수 있고, 호기심을 자극하는 이채로운 아트 마켓과 다양한 볼거리를 두루 갖춘 흥미로운 섬이다.

프랑스 ⋯▸ 생폴드방스

촘촘히 돌을 깔아놓은 고즈넉한 골목을 따라 자리한 소박하고 정겨운 아틀리에. 햇빛 따사로운 카페와 레스토랑에서 차와 점심을 즐기는 여행자들. 미소로 그들을 맞는 주민들. 올리브나무, 소나무, 포도나무, 삼나무가 뿌리를 내린 언덕 위에 저마다 독특한 모양새의 집들이 옹기종기 모여 있는 마을, 생폴드방스Saint Paul de Vence. 오랜 세월 동안 예술가들을 유혹했던 것처럼, 지금도 여전히 빼어난 풍광과 아늑한 분위기로 뭇사람들을 유혹한다.

남프랑스를 상징하는 휴양지 니스Nice에서 자동차를 타고 가파른 북쪽 언덕을 30분 남짓 오르면 유서 깊은 작은 마을, 생폴드방스에 다다른다. 이곳은 16세기에 건설된 이후 500년이 지난 지금까지 옛 모습을 그대로 간직하고 있다. 로댕의 명작 〈생각하는 사람〉과 제국주의의 상징인 대포, 얽히고설킨 미로 같은 골목, 앙증맞은 그림들로 가득한 공방과 상점, 그리고 여유로움이 배어나는 카페가 즐비한 생폴드방스는 언제부터인가 '예술가 마을'로 불리게 되었다.

생폴드방스를 몸으로 느끼고 싶다면 먼저 중세 때 건설된 그랑드 거리Rue Grande로 가야 한다. 그랑드 거리를 따라 걷다 보면 자신도 모르는 사이 어느새 상점과 아틀리에로 향하게 된다. 이곳의 아기자기하고 예쁜 상점들은 단순히 물건을 판매하는 공간이 아니다. 하나같이 세련미를 물씬 풍기는 화가의 아틀리에이자 갤러리다.

언뜻 보면 피카소 작품 같고, 각도를 달리해 보면 샤갈과 후안 미로Juan Miró의 화풍이 연상되는 그림과 조각들로 가득한 생폴드방스의 아틀리에를 겸한 그림 가게들은 다른 지역의 상점과는 사뭇 다르다. 화가들이 화폭에 색을 덧칠해나가는 과정을 볼 수 있음은 물론이고, 그들이 부리는 황홀한 색채 마술에 넋을 놓고 있다 보면 어느덧 시곗바늘이 반대편에 가 있음을 깨닫게 된다.

수시르 지갑을 노크하는 아틀리에와 상점들이 늘어선 거리를 걷다 보면, 생폴드방스가 요새 도시임을 입증하는 유물, 유적지와 자연스레 대면하게 된다. 지하에서 솟아오르는 물을 이용한 분수와 유물에서 흘러나오는 물줄기는 식수원으로서의 고유한 기능은 잃었지만, 그래도 생폴드방스의 골목을 기웃거리다 지친 나그네의 갈증을 풀어주는 데 한몫을 하고 있다. 유럽의 유서 깊은 마을에는 저마다 개성과 예술적 아름다움

을 두루 갖춘 우물이나 분수 하나쯤 있게 마련이지만, 생폴드방스의 우물과 분수만큼 푸근하고 정감 넘치는 유적지를 만나기란 쉽지 않다.

그랑드 거리의 예쁜 집들은 상점과 화가들의 아틀리에 못지않게 여행자들의 발길을 붙잡는다. 이곳의 집들 대부분은 16세기에 건축되었으며, 자연 지형을 잘 활용해 크기와 모양도 제각각이고 저마다 분위기도 독특하다. 생폴드방스 가옥들의 공통점이라면 예로부터 전해져 내려오는 것을 소중히 여겨 있는 그대로 활용했다는 것이다. 중세 때부터 그러니까 500년 훨씬 전부터 쓰던 대문 고리를 지금껏 그대로 쓰는 집이 있는가 하면, 꽃을 심어둔 커다란 화분과 창문 틀 하나까지도 옛것 그대로인 집이 많다.

생폴드방스의 랜드마크는 샤토 거리Rue Château에 자리한 성직자회 교회다. 12세기에 건설된 성직자회 교회는 니스와 칸Cannes의 교회에 비해 작고 소박하다. 하지만 틴토레토Tintoretto의 작품으로 추정되는 〈생카트린〉을 비롯해 많은 성화가 교회 안을 가득 메우고 있어 작품을 감상하려는 방문객의 발길이 끊이지 않는다. 화려함과는 거리가 먼 성직자회 교회는 몇 점의 제단화와 의자에 새겨진 조각, 벽을 장식한 작품이 전부다. 그러나 엄숙한 분위기만큼은 파리 노트르담 대성당에 결코 뒤지지 않는다.

생폴드방스는 예술가와 명사들이 즐겨 찾았던 마을이다. 16세기에 지어진 가정집을 재활용해 꾸며놓은 생폴드방스 지방사 박물관Musée d'Histoire locale de Saint Paul de Vence에는 생폴드방스에 머물렀거나 이곳과 특별한 인연을 간직한 많은 명사의 흔적이 보존되어 있다. 생폴드방스에

예술 마을 …

중세 때 건설된 그랑드 거리. 큰길과 골목마다 예술품을 판매하는 상점과 카페가 즐비하다

· 작은 아틀리에 앞에서 그림을 감상하고 있
  는 연인
: 작가가 직접 그림을 그리고 판매하는 가게
  내부

서 머물면서 그림을 그렸던 피카소, 마티스 같은 화가는 물론이고 프랑스 지성의 대명사로 통하는 사상가이자 철학자인 사르트르, 실존주의 사상가이자 소설가 시몬 드 보부아르, 배우 그레타 가르보, 소피아 로렌, 카트린 드뇌브 등 당대를 풍미했던 유명 인사들의 흔적을 만날 수 있다.

소박한 성당과 화려한 그림으로 가득한 상점가를 벗어나면 주변 풍경을 한눈에 조망할 수 있는 망루에 이른다. 망루 전망대에 올라서면 올리브나무, 삼나무, 소나무가 빽빽이 들어선 경관과 저 멀리 하얀 파도가 일렁이는 지중해가 시선에 잡힌다. 나무들이 우거진 숲 한가운데 자리한 농가와 별장, 숲이 끝나는 지점에 펼쳐진 지중해의 쪽빛 바다는 화가들이 이곳을 왜 그토록 열렬히 찾았는지 단적으로 보여주는 풍광이다. 전망대 아래에는 이곳에서 생을 마감한 여러 예술가가 영면해 있는 묘지도 있다.

생폴드방스에 자리한 카페와 레스토랑은 저마다 자랑거리를 갖고 있지만 그중 가장 유명한 곳은 '라콜롱브도르La Colombe d'Or'다. 지금은 레스토랑이지만 옛날에는 일반 서민들이 묵어가는 저렴한 여인숙이었다. 1920년부터 1940년 사이 많은 예술가가 작품에 매진할 수 있는 따뜻한 휴식처를 찾아 동부의 코트다쥐르 지역으로 몰려들면서 자연스럽게 생폴드방스를 찾게 되었다. 이들 예술가 중에는 가수와 배우, 극작가, 소설가까지 다양했지만 그중에서도 화가가 유난히 많았다. 대표적인 화가로는 피카소와 모딜리아니, 폴 시냐크Paul Signac, 생 수틴Chaim Soutine, 장콕토Jean Cocteau 등이 있다. 이들은 숙박비와 음식 값으로 현금 대신 그림을 주그 떠났다고 한다. 그때 받은 그림이 현재 천문학적인 가치로 평가받고 있으니, 숙박비치고는 상상을 초월할 정도로 비싼 셈이다. 라콜롱브도르 하면 빼놓을 수 없는 인물이 바로 만인의 연인, 이브 몽탕Yves Montand이다. 그는 친구의 딸인 여배우 시몬 시뇨레Simone Signoret와 라콜롱브도르의 테라스에서 성대한 결혼식을 올리고 주민들을 초청해 파티를 열기도 했다.

남프랑스의 산간 마을, 생폴드방스는 지금도 예술가와 화가들의 체취로 가득하다. 발길 닿는 곳마다 낯익은 이브 몽탕의 감미로운 목소리가 흘러나오고, 아름다운 그림과 토산품 가게들이 즐비한 생폴드방스는 자신만의 추억을 담아 오기에 더없이 좋은 곳이다.

스위스 ⋯▶ 생모리츠

스위스 동남쪽 엥가딘Engadin 계곡에는 매혹적인 명소가 즐비하다. 매년 세계경제포럼이 열리는 다보스Davos를 비롯해 그림보다 아름다운 폰트레지나Pontresina와 사메단Samedan, 이탈리아와 맞닿아 있는 국경 도시 티라노Tirano 등 이루 헤아릴 수 없다. 그중에서도 철학자 니체와 평생토록 엥가딘 계곡의 풍경만 고집스레 화폭에 담아낸 이탈리아 화가, 조반니 세간티니Giovanni Segantini의 향기로 가득한 생모리츠St. Moritz는 엥가딘 최고의 명소라 할 만하다.

생모리츠는 인스브루크Innsbruck와 더불어 유일하게 동계올림픽을 두 차례나 개최한 겨울스포츠의 메카다. 생모리츠 호수가 꽁꽁 얼어붙으면 이색 스포츠를 즐기려는 사람들이 몰려든다. 생모리츠의 이벤트는 어느 것 하나 예사롭게 넘길 수 없지만, 말 타고 설원을 달리며 공을 쳐서 상대편 골문에 공을 넣는 스노폴로snowpolo만큼 박진감 넘치는 경기도 없다.

신사의 스포츠로 알려진 스노폴로는 경기 규칙이 엄격하기로 유명하다. 네 명이 한 팀을 이루며 어떤 선수든 자기 포지션에서만 움직여야 한다. 만약 경기 때 자기 포지션을 벗어나면 반칙으로 간주할 정도로 엄격한 룰을 적용한다. 위험한 반칙을 범한 경우, 퇴장당하는 것은 물론이고 반칙자의 팀에서 획득한 골을 반으로 삭감하기도 한다.

스노폴로의 스트라이커는 팀에서 가장 젊은 선수가 맡는다. 공격수와 수비수 사이에서 공을 연결하고 공수의 강약을 조절하는 역할은 경험이 풍부하고 노련한 선수가 맡고, 수비수는 지구력이 강한 선수의 몫이다. 경기 참가 여부도 선수의 능력에 따라 엄격히 제한한다.

스노폴로의 매력은 스피드에 있다. 설원을 배경으로 공을 치며 질주하는 속도는 경기를 관람하는 사람들도 스릴을 느낄 정도로 빠르다. 보통 축구장보다 서너 배는 더 큰 경기장을 10~15초에 주파할 정도이니, 그 박진감과 속도가 얼마나 환상적일지 짐작할 수 있을 것이다.

생모리츠를 상징하는 겨울스포츠로, 스노폴로만큼이나 인기를 끄는 것이 있다. '동계경마올림픽'이라 불리는, 이름조차 생소한 '화이트터프White Turf'다. 화이트터프는 평지 경주flat race, 마차 경주trotting, 스키죄링skijöring의 세 가지 종목으로 나뉜다. 평지 경주스노경마는 눈 위를 달리는 것만 빼고는 일반 경마와 똑같다. 예선과 결승전 모두 12명 단위

로 진행되는 스노경마의 생명도 단연 스피드다. 선수의 컨디션과 경기장 여건에 따라 차이가 있지만 단거리에 해당되는 1100미터를 질주하는 데 소요되는 시간은 30여 초에 불과하고 2700미터 경기도 2분을 넘기지 않는다. 마차 경주는 마차 바퀴 대신 스키를 장착한 것이다. 가장 독특한 종목인 스키죄링은 선수가 스키를 신은 채 기수 없는 말에 끌려다니는 경기로, 수상스키와 비슷한데 보트 대신 말이 끌고 물 위가 아닌 눈 위를 미끄러진다는 점이 다르다. 화이트터프는 개인 경기로만 구성되며 1100미터, 1900미터, 2700미터 등 총 6개 종목으로 분류된다.

목숨을 담보로 펼치는 화이트터프 경기는 실력이 공인된 선수들만 참가할 수 있지만, 관람은 누구나 가능하다. 화이트터프 행사가 열리는 기간에는 생모리츠의 초특급 호텔에서 국제적인 명성을 자랑하는 런던 교향악단, 베를린 교향악단 등의 음악회와 각종 공연도 수시로 열린다.

설원의 마을, 생모리츠는 참으로 흥미로운 고장이다. 박진감 넘치는 겨울스포츠의 산실이자, 실존주의 선구자인 프리드리히 니체가 거주하면서 명작『차라투스투라는 이렇게 말했다』를 집필했던 곳이며, 이탈리아 화가 조반니 세간티니가 엥가딘 계곡의 풍경의 매혹에 사로잡혀 평생토록 그림을 그렸던 고장이다. 니체와 세간티니는 분야는 달랐지만, 동시대에 생모리츠에서 살았던 인물들로 여러 면에서 많은 공통점을 보여준다.

25세, 약관의 나이에 이미 바젤 대학 교수가 된 프리드리히 니체는 독일과 프랑스 사이에 벌어진 전쟁에 위생병으로 참전했다가 건강을 잃은 뒤, 바젤 대학 교수직을 사임하고 요양차 유럽을 돌아다니게 되었다. 유

063

St. Moritz

스노폴로 경기가 열리는 생모리츠 호수를 찾은 수많은 인파
생모리츠 호수에서 여유로운 시간을 보내는 사람들

설원을 질주하는 화이트터프 선수들

· 니체가 자주 찾았다는 생모리츠 언덕의 작은 집
: 조반니 세간티니 미술관의 외관

St. Moritz

럽 각지를 여행하던 중 생모리츠를 방문한 니체는 호수 남쪽에 위치한 실스마리아Sils Maria 마을에 머물게 되었다. 그가 8년 동안 머물렀던 아담한 2층짜리 집은 현재 니체 기념관이 되었다. 니체는 이곳에서 집필할 때를 제외하고는 생모리츠 호숫가를 거닐고 산에 오르는 것을 즐겼다고 한다. 그가 걸었던 산책로와 등산 코스는 19세기 당시의 모습 그대로 보존되어 있다. 한 가지 아쉬운 점은 그의 흔적으로 가득한 기념관을 매일 오후 시간에만 개방한다는 것이다. 이유인즉, 그와 관련된 주요 자료가 니체가 수학했던 독일 본 대학과 고향인 뢰켄Röcken에 소장되어 있고, 학술대회도 그곳에서 열리기 때문이다.

생모리츠 문화를 언급할 때 절대 빼놓을 수 없는 또 하나의 인물은 바로 화가 조반니 세간티니다. 이탈리아 북부 티롤Tirol 지방에서 태어난 그는 평생을 생모리츠와 주변 마을에 머물며 아름다운 엥가딘 계곡을 화폭에 담아냈다. 어린 시절 불우한 환경에서 성장한 그는 밀라노의 브레라Brera 미술학교를 졸업한 뒤 엥가딘에 머물며 창작 활동에 전념했다. 초기 작품은 낭만적인 분위기가 강했지만 차츰 강한 색채와 빛을 활용한 인상파적인 기법으로 작품을 완성해나갔다. 그가 그려낸 엥가딘 계곡의 웅장한 알프스 풍경을 바라보노라면 마치 살아 있는 숲과 고원으로 한 걸음 한 걸음 빠져드는 듯하다.

생모리츠가 한눈에 내려다보이는 언덕 위에 자리한 조반니 세간티니 미술관에서는 그의 작품 세계를 마음껏 엿볼 수 있다. 엥가딘에서 쉽게 구할 수 있는 돌을 이용해 건축한 미술관은 그 모양새부터 예사롭지 않다. 그곳에는 세간티니의 대표작인 〈알프스의 한낮〉, 〈비정한 어머니들〉

생모리츠와 체르마트 구간을 운행하는 빙하 특급 열차

등이 전시되어 있다. 그뿐만 아니라 엥가딘 남쪽 말로야Maloja 마을에는
그가 차를 마시며 창작 활동을 했던 작은 작업실이 남아 있다.

　엥가딘 계곡에 자리한 작은 산골 마을, 생모리츠. 이곳은 유럽을 대표
하는 고급 휴양지이자 다이내믹한 스포츠와 심오한 사상, 섬세한 예술
가의 흔적이 공존하는 아름다운 고장이다.

튀니지 ⋯▶ 시디부사이드

'북아프리카의 진주'라 불리는 시디부사이드Sidi Bou Said는 빼어난 자연 경관과 쾌적한 기후 때문에 아랍 지도층과 유럽 부호들이 선호하는 휴양지다. 정겨운 골목을 따라 늘어선 하얀 건물과 푸른색 창문, 개성 넘치는 물품을 파는 가게, 극진한 서비스를 제공하는 카페 등 어느 곳이든 보는 이의 마음을 자극하는 시디부사이드는 마을 전체가 거대한 예술품이라고 해도 과언이 아니다. 시디부사이드는 수도 튀니스어서 20킬로미터, 고대 도시 카르타고까지는 2킬로미터 떨어져 있다.

시디부사이드의 으뜸 자랑거리는 수려한 자연에 둘러싸인 마을 그 자

체다. 지중해를 마주 바라보는 절벽과 지중해 해안을 따라 조성된 마을은 보는 이로 하여금 숨이 멎게 한다. 하얀 집과 블루 색상으로 꾸며진 골목을 걷다 보면 중세 마을을 걷고 있는 게 아닐까 착각마저 든다. 그뿐인가. 재스민 꽃향기가 진동하는 거리에서는 문득 문득 내가 발 딛고 서 있는 곳이 다른 별일지도 모른다는 황홀한 상상에 빠져들게 된다.

시디부사이드의 대문과 창문은 단순한 장식이 아니다. 모양과 크기에 따라 저마다 의미가 다르다. 이슬람 세력이 맹위를 떨칠 때는 종교적인 색채가 대문과 창문의 문양을 결정했고, 서구 열강의 식민지 시절에는 통치 국가의 무늬가 장식되었다. 하지만 요즘은 집 주인의 개성과 취향대로 바뀌어가는 추세다. 과거에는 대문의 문양뿐 아니라 크기도 주인의 신분에 따라 달랐다. 왕족이나 귀족이 머물던 주택의 경우 대문과 창문이 크고 문양이 정교한 반면, 일반 서민 주택은 크기도 작고 그다지 세련되지 못하다.

시디부사이드 마을에서 결코 놓칠 수 없는 곳이 있다. 바로 '별의 성'이다. 천일야화에 등장하는 궁전을 연상케 하는 별의 성은 눈이 부실 정도로 아름답다. 쪽빛 지중해와 변화무쌍한 해안절벽을 조망할 수 있는 별의 성은 시디부사이드를 다스렸던 영주가 거주했던 저택으로 밤이면 지중해 너머로 펼쳐진 환상적인 별을 감상할 수 있었다고 한다. 향토박물관으로 사용되는 별의 성은 그 명성에 걸맞게 밤이면 지중해와 마을 언덕을 수놓은 은하수를 감상할 수 있다.

낮에는 햇빛에, 밤에는 달빛에 반짝이는 코발트 빛 바다와 하얀 집이 어우러진 시디부사이드의 풍광은 방문객의 마음을 사로잡는다. 유럽에

앙드레 지드, 기 드모파상, 파울 클레 등에게 많은 영감을 선물했던 카페드나트

서 건너온 요트들이 이를 증명이라도 하듯, 선창작은 어여쁜 요트들로 가득하다. 이렇게 배를 타고, 비행기를 타고 시디부사이드를 찾은 이들이 선호하는 장소와 목적지는 조금 다르지만 그래도 먼저 달려가는 곳이 있다. 바로 카페다. 길목 곳곳과 언덕에 자리 잡은 카페가 10여 곳쯤 되고, 저가다 독특한 개성이 있다. 하지만 뭐니 뭐니 해도 그중 최고는 국제적인 명성을 자랑하는 '카페드나트Café de Natte'다.

250여 년의 역사를 가진 카페드나트는 프랑스 작가이자 비평가인 앙드레 지드André Gide와 기 드모파상Guy de Maupassant이 커다란 영감을 받았던 곳이다. 뿐만 아니라 현대 추상 회화의 거장으로 불리는 독일 출신의 파울 클레Paul Klee를 탄생시킨 곳으로도 유명하다. 마을 동쪽 끝자락에 자리한 카페드나트는 지중해에서 멀찌감치 떨어진 수도 튀니스가 바라다보이는 언덕 위에 있다. 이런 지형적 특성 때문에 모파상과 앙드레 지드는 '언덕의 카페'라 부르기도 했다.

앙드레 지드, 기 드모파상, 알베르 카뮈, 생텍쥐페리 등 프랑스의 대표 문인들이 이 카페의 단골손님이었다. 특히 지드와 모파상은 저녁놀이 지중해 바다에 잠길 무렵이면 어김없이 찾아와 튀니지의 젊은 문학도들과 함께 시간을 보냈다. 문학과 삶에 관한 이야기를 나누느라 밤을 지새우는 일도 빈번했다고 한다. 문학과 예술계의 큰 별들이 지고 난 지금의 카페에서는 할리우드 스타와 저명한 작가, 열정 넘치는 예술가들이 자리를 차지하고 있다.

1947년 노벨문학상을 수상한 앙드레 지드에게 작품과 사상의 영감을 제공했던 시디부사이드. 전통적인 그리스도교 윤리를 지키며 살았던 그

에게 튀니지의 강렬한 태양과 야성적인 풍토를 배경으로 낙천적인 삶을 살아가는 주민들은 진정한 생명력이 어떤 것인지 인지시켜주었다. 훗날 그가 대표작 『좁은 문』을 비롯해 『팔뤼드』, 『지상의 양식』, 『전원 교향곡』 등 그의 작품 전반에 커다란 영향을 미쳤던 곳은 바로 시디부사이드라고 말했을 정도다. 무감동적인 문체와 자연주의적 경향을 추구했던 모파상 역시 이곳에서 그의 대표작 『여자의 일생』과 여러 작품을 집필했을 만큼, 카페드나트는 그에게도 의미 있는 장소다. 또한 독일 화가 파울 클레 역시 시디부사이드와 연관이 깊다. 그는 자신만의 독특한 색채로 그림을 그려낼 수 있었던 것은 20세기 초반 튀니지를 여행하면서 받은 영감이 있었기에 가능하다고 말하기도 했다. 시디부사이드가 파울 클레의 작품 세계에 견고한 뿌리를 제공한 셈이다.

카페드나트는 규모도 크지만 운영하는 방법도 흥미롭다. 일단 카페 이름의 '나트'는 프랑스어로 돗자리라는 뜻으로, 이곳에는 의자가 아니라 돗자리들이 깔려 있고 좌식 탁자가 놓여 있다. 그리고 큼직한 계단을 중심으로 각 테라스마다 종업원이 있다. 여느 카페와 다른 점이 있다면 종업원이 모두 남자라는 사실이다. 손님을 맞는 태도부터 차와 음식을 내는 몸가짐 하나하나는 프랑스 일류 호텔과 비교해도 손색이 없다. 이런 연유로 손님들은 입구에서 단골 종업원을 부르거나 그 종업원의 담당 테라스에 앉는다. 불과 수십 년 전만 해도 재력가와 귀족층이 카페를 찾았지만, 지금은 누구나 자유롭게 방문하고 그중 젊은 연인과 외국인이 많은 편이다.

해가 서쪽 수평선을 향해 이울 무렵이면 카페드나트를 찾는 사람들이 부쩍 늘어난다. 바로 아름다운 저녁놀을 연인이나 가족과 함께 감상하기 위해서다. 카페에 손님이 많아지면 향기 짙은 재스민을 바구니에 담아 카페 이곳저곳을 누비는 행상을 만날 수 있다. 행상이 지나간 뒤에는 어김없이 진한 재스민 향기가 코끝을 자극한다. 시디부사이드, 그곳에 가면 거장의 향기와 수많은 영감으로 많은 문학가와 예술가를 매혹했던 문화를 직접 보고 느낄 수 있다.

Sidi Bou Said

미국 ┈▸ 키웨스트

미국 작가 헤밍웨이에게 노벨문학상의 영예를 안겨준 『노인과 바다』의 무대가 된 작은 섬, 키웨스트Key West. 헤밍웨이를 매혹했던 키웨스트에는 지금도 대문호의 숨결이 남아 있는 듯하다. 그리고 그에게 끝없는 영감을 불어넣었던 바다와 자연은 키웨스트를 미국 최고의 휴양지로 만들었다. 그림처럼 아름다운 해안도로가 끝나는 곳에 터를 잡은 낭만적인 섬. 늙은 어부 산티아고가 바다와 벌이는 치열한 사투의 감동과 문학적 영감이 흐르는 그곳에 키웨스트가 펼쳐져 있다.

커다란 캔버스 위에 물감으로 점을 찍어놓은 듯 옹기종기 모여 있는 42개의 섬. 그 서쪽 끝자락에 자리했다고 해서 붙여진 이름, 키웨스트.

The HEMINGWAY
YEARS SPENT HERE
CAPT. TONY'S
SALOON
SALOON THE OLDEST BAR IN FLA.
CAPT. TONY'S
SALOON
The Oldest Bar in Florida
FLEMING ST
WHITEHEAD ST

· 고요한 호수를 연상시키는 카리브 해에서 낚시를 즐기는 주민

플로리다 군도를 이룬 섬 가운데 최남단의 가장 작은 막내 섬, 유일하게 산호초가 자라나는 곳이 바로 키웨스트다. 이런 키웨스트를 제대로 만 끽하려면 오버시즈 하이웨이Overseas Highway의 백미인 '세븐 마일 브리 지Seven Miles Bridge'를 달려봐야 한다. 눈앞에 펼쳐진 곳이라고는 푸른 바 다뿐인 환상의 7마일 드라이브 코스는 미국 내에서도 손꼽히는 곳이다.

키웨스트에서 쿠바까지는 불과 90마일144킬로미터 거리다. 마이애미보 다 쿠바의 수도 아바나Havana와 더 가깝다. 지리적 조건으로 인해 예로 부터 쿠바의 정취가 강하게 배어든 키웨스트는 한때 쿠바 정치 망명자 들의 천국이었을 정도로 시가 냄새가 짙게 배어 있지만, 현재는 아름답 고 여유로운 섬으로 명성이 높다.

키웨스트에는 미국 본토 최남단임을 알리는 사인보드가 있다. 미국 의 땅끝마을인 셈이다. 그런 만큼 온 바다가 붉게 물드는 이곳의 일몰 풍경은 가슴이 먹먹하도록 아름답다. 해 질 녘이면 사람들은 맬로리 도 크Mallory Dock를 향해 걷기 시작한다. 붉은 노을 아래 돛을 활짝 펼친 요 트가 물살을 가르며 유유히 지나고, 그사이 수평선이 붉게 달아오른다. 그리고 가침내 태양은 화려한 마지막 인사를 바다에 건네며 사람들의 마음속 한가운데로 저문다.

어니스트 헤밍웨이는 1931년부터 약 12년 동안 이곳에 머물면서 창 작에 매진했다. 양차 세계대전과 스페인 내전에 참전하고, 네 차례의 결 혼과 자살로 생을 마감하기까지 파란만장한 삶을 살았던 헤밍웨이. 전 쟁과 인간 사회에 깊은 허무를 느끼고 미국 최남단의 이 작은 섬까지 내 려왔던 그의 심정을 어렴풋이 헤아려본다.

헤밍웨이의 집은 올드타운 동쪽에 있다. 헤밍웨이 하우스Ernest Hemingway House Museum는 한눈에도 제법 커 보인다. 이곳에는 그가 애지중지했던 타자기를 비롯해 그의 책들과 각 나라에서 수집한 다양한 소장품이 전시되어 있다. 응접실에는 서너 명이 모여 정담을 나눌 수 있는 소파와 자그마한 탁자 등이 놓여 있다. 그리고 그가 무척이나 사랑했다는 '파일러Filer'라는 선박 앞에서 커다란 물고기를 들고 있는 사진이 있다. 『노인과 바다』에 등장하는 주인공을 그려 놓은 삽화도 보인다. 카페에서 시가를 피우며 친구들과 담소를 나누는 모습이 담긴 사진도 있다. 색 바랜 사진들에는 세월의 흔적과 그의 낭만이 고스란히 녹아 있다.

헤밍웨이 하우스 본관 옆에는 자그마한 작업실이 있다. 매일 아침 그는 눈을 뜨자마자 이곳으로 달려와 왕성한 창작 활동을 펼쳤고, 마침내 『누구를 위하여 종을 울리나』, 『킬리만자로의 눈』 등의 주옥같은 작품을 탄생시켰다. 당시 헤밍웨이가 썼던 짙은 갈색의 책상과 검은색 타자기, 그리고 바다에 나가 대어를 낚을 때 사용했던 낚시 장비들이 보관된 작업실에는 반세기가 훨씬 지난 지금도 방금 자리를 비운 것처럼 그의 체취가 느껴지는 듯하다.

헤밍웨이 하우스와 올드타운 사이에 자리한 카페 '플로리다'는 헤밍웨이가 단골 삼아 드나들며 주민들과 어울리고, 쿠바산 시가 '블랙 론리Black Lonely'를 피우고 밤새 술잔을 기울이며 문학과 삶을 이야기했던 곳이다. 라이브 밴드의 연주가 있고 수시로 즉석 댄스 파티가 열리는 카페는 그의 삶만큼이나 열정적이다.

올드타운에 늘어선 여러 카페에서는 헤밍웨이의 사진과 관련 자료를

· 카페를 찾은 방문객들이 저마다 적어 놓은 수많은 사연들

· 나무들과 어우러진
헤밍웨이의 집. 당시
모습 그대로 보존되
어 있다

· 헤밍웨이 하우스 안의 기념품 가게
: 헤밍웨이의 침실

어렵지 않게 접할 수 있고 인근의 아담한 토산품 가게에서도 헤밍웨이 기념품을 쉽게 찾아볼 수 있다. 그가 섬을 떠난 지 오랜 시간이 지났지만 헤밍웨이가 사랑했던 올드타운 거리와 카페, 바, 클럽에서는 그의 정취가 여전히 묻어난다.

헤밍웨이 하우스, 카페와 더불어 키웨스트를 상징하는 곳으로 아바나 상점가를 빼놓을 수 없다. 옛 물건 보관 창고를 개조한 아바나 상점가는 호기심을 자극하는 볼거리가 많다. 성조기와 쿠바 국기가 나란히 내걸린 상점가에 들어서면 세월의 흔적이 깊이 밴 골동품과 쿠바산 시가 등을 판매하는 가게가 모여 있어 방문객의 시선을 이끈다.

키웨스트 해변과 백사장은 사색을 만끽하기에 그만이다. 눈부시도록 빛나는 바다와 남국의 열대나무들이 어우러진 풍경, 사람의 흔적을 찾아볼 수 없는 모래사장, 우연히 마주치는 펠리컨과 저어새, 그리고 어디론가 바삐 이동하는 작은 어선을 보고 있노라면 누구라도 시 한 줄 적고 싶은 충동을 느끼게 된다.

키웨스트 하면 빼놓을 수 없는 명소가 한 곳 더 있다. 바로 환상적인 드라이브 코스다. 키웨스트 중앙우체국 앞에서 마이애미까지 이어지는 해안도로는 환상 그 자체다. 저마다 독특하고 흥미로운 구경거리를 간직한 이 지역에서 특히 손꼽히는 절경은 다리 하나의 길이가 자그마치 11킬로미터가 넘는 세븐 마일 브리지와 그 주변으로 흩어진 작은 섬들이다. 이곳의 평화로운 풍광을 둘러보다 보면 자신도 모르는 사이 경탄을 자아내게 된다.

헤밍웨이가 사랑한 섬, 키웨스트. 거대한 바다는 인간 존재의 조건을

Key West

보여주는 장소다. 비록 『노인과 바다』에서 노인 산티아고가 바다에서 가져온 것은 거대한 청새치의 뼈뿐이지만 마지막까지 결코 포기하지 않았던 그는 이렇게 말한다. "나는 졌는가. 나는 지지 않았다. 내일 또다시 바다로 나가야지"라고. 대문호는 떠나고 없지만 우리에게는 그가 사랑한 바다가 있다. 언어의 마술사, 헤밍웨이가 아낌없이 사랑한 바다는 지금도 여전히 그 힘찬 파도로 사람들에게 미소 짓고 있다.

쿠바 ⋯▸ 코히마르

고기잡이에 평생을 바친 노인의 집념 어린 내면과 눈물겨운 사투를 그려낸 소설 『노인과 바다』. 그 무대가 되었던 어촌 마을, 코히마르Cojimar은 쿠바의 수도 아바나Havana 외곽에 자리하고 있다. 줄잡아 1000여 가구가 사는 이 마을은 노벨문학상 수상 작가 어니스트 헤밍웨이가 최고의 뉴스메이커로 우뚝 설 수 있게 해준 곳이다.

간혹 카페 '라테라자La Terraza' 입구에 관광버스가 정차하는 시간을 제외하면 언제나 고요한 어촌 코히마르. 그곳에서 『노인과 바다』의 주인공 늙은 어부 '산티아고'와 그를 존경하는 소년 '마놀린'을 만날 수는 없지만, 카리브 해 연안을 응시하고 있는 마을 풍경은 소설이 태어나던 그

시절 그 모습 그대로 방문객들을 맞이한다. 가난한 사람들의 터전임을 직감할 수 있는 허름한 주택가, 산티아고 노인을 연상시키는 주민, 적으로부터 마을을 지키기 위해 세워놓은 요새 등 눈에 잡히는 풍광 하나하나가 세월의 흔적을 느끼게 해준다.

풍요롭지는 않지만 푸근함이 느껴지는 어촌을 상징하는 명소는 헤밍웨이의 단골 찻집, '라테라자'다. 작은 어촌에 어울리지 않게 제법 규모가 큰 라테라자는 위대한 작가의 흔적으로 가득하다. 헤밍웨이 마니아라면 다 아는 사실이지만, 그가 『노인과 바다』의 모티프를 품게 된 곳은 키웨스트에 자리한 카페 '플로리다'였다. 우연히 집념이 대단한 어느 어부의 이야기를 듣게 된 헤밍웨이는 키웨스트를 떠나 아바나에 머물면서 수시로 코히마르를 찾았다. 그리고 이곳 라테라자에서 가난한 어부들과 어울려 많은 이야기를 나누었다.

산티아고 노인이 잡으려 했던 대어와는 거리가 먼 자그마한 물고기 그림과 라테라자라는 글귀가 새겨진 간판과 눈인사를 마치고 카페 안으로 발을 들여놓았다. 허름한 외관과 달리 카페 안의 분위기는 세련됐다. 벽면을 장식한 150점쯤 되어 보이는 마을 풍경화, 소설 주인공과 헤밍웨이를 형상화한 작은 흉상, 쿠바 혁명의 주역이자 집권자인 카스트로와 헤밍웨이가 함께 찍은 사진 등이 눈에 들어왔다.

쿠바에서 우리 가족에게 유익한 정보를 들려주고 친절히 안내해주었던 필립과 함께 카리브 해의 바다 내음을 만끽할 수 있는 곳에 자리를 잡았다. 라테라자의 주인과 오래전부터 알고 지내던 필립은 어느새 나의 속내를 읽은 듯 내가 묻고 싶은 질문을 카페 주인에게 대신 토해내고

순박한 코히마르 아이들. 『노인과 바다』의 주인공 소년 '마놀린'을 연상케 한다
소설 속 주인공이 고기를 잡기 위해 바다로 향하던 거리

· '라테라자' 카페. 헤밍웨이가 자주 드나들던 카페이자, 영화 〈노인과 바다〉에서 노인에게 차와 음식을 내주던 카페의 모델이었다
: 『노인과 바다』 관련 사진들로 장식된 라테라자에서 한담을 나누는 사람들

있었다. 스페인어를 전혀 모르는 나로서는 그저 예측일 뿐이었지만, 내 짐작이 적중했음을 확인하기까지 채 1분도 걸리지 않았다.

이어서 나 역시 필립의 입을 빌려 꽤 많은 질문을 던졌다. 헤밍웨이가 이곳을 몇 번쯤 찾았으며, 누구를 만났고, 이곳에서도 글을 썼는지, 주민들과의 관계는 어떠했는지, 그리고 이곳에서 진행된 영화 촬영의 뒷이야기 등등을 물었다. 시원한 음료수에 이어 커피 두 잔을 들이켜고 간단한 점심식사를 끝마칠 때까지 대화는 계속 이어졌다. 옆에서 이야기를 듣고 있던 아내와 딸은 지루했는지 어느새 어디론가 사라지고 없었다.

바다에 나가 있는 84일 동안이나 고기를 잡지 못하고도 희망을 놓지 않는 집념의 어부 산티아고, 노인만큼이나 정열적인 삶을 추구했던 헤밍웨이의 향취로 가득한 카페를 나와 큰길을 따라 걸었다. 초라한 주택가 벽면이는 어설픈 벽화들이 그려져 있었다. 허름한 주택가를 구석구석 돌아보았다. 세련된 주택이나 멋진 상징물로 장식된 곳은 찾을 수 없었다. 하지만 주택가와 큰길에서 마주친 아이들과 주민들은 참으로 맑고 순박히 보였다. 어느 곳을 기웃거려도 싫어하는 내색을 느낄 수 없었다. 남녀노소 모두 "올라!olla, 스페인어로 '안녕하세요'라는 뜻"를 외치며 이방인을 반겼다. 참 여유롭고 행복한 표정들이다.

그리고 또 한 곳. 마을 끝자락에 우뚝 서서 바다를 굽어보는 고즈넉한 요새가 보였다. 군사적인 용도임을 짐작케 하는 요새는 오늘날 쿠바의 현실을 대변하는 듯했다. 아마 혁명 이전만 해도 지금보다 훨씬 화려하고 멋진 위용으로 바다를 지켰을 테지만, 현재 요새에는 아무도 살지 않는다. 『노인과 바다』가 태어날 당시만 해도 군사적인 목적으로 사용되었

Cojimar

지만, 지금은 색 바랜 페인트를 드러내고 그저 바다와 마을을 지켜보고 있을 뿐이다. 출입 제한 구역이라 내부를 들여다볼 수는 없지만, 계단과 난간에 올라서서 카리브 해로 사라지는 석양과 따뜻한 햇살에 물든 마을을 감상할 수는 있다. 요새와 마을 사이에는 헤밍웨이 흉상이 세워져 있고, 아담한 광장은 『노인과 바다』에서 소년 마놀린이 친구들과 야구 경기를 펼쳤던 곳이다. 산티아고 노인에게 음식과 차, 신문을 가져다주었던 착한 소년 마놀린은 만날 수 없지만, 순박한 아이들과 주민들이 그의 역할을 대신하고 있다.

소설이 커다란 반응을 일으키자 할리우드에서는 소설을 영화로 만드는 작업에 착수했다. 영화 촬영 기간 동안 어니스트 헤밍웨이는 코히마르 마을에 상주하면서 제작 과정을 지켜보았다고 한다. 그리고 그는 영화사에 다양한 주문을 했던 것으로 알려져 있다. 그중 하나가 마을 주민들을 엑스트라로 출연시켜달라는 것이었다. 영화사에서는 그의 요구를 거절할 수 없었고, 꽤 많은 주민이 영화 덕분에 일자리를 얻게 되었다고 한다. 이를 증명하듯 카페 라테라자 벽에 걸린, 영화 촬영에 참여했던 주민과 배우, 헤밍웨이가 함께 찍은 사진이 방문객을 맞는다.

또한 코히마르 마을 인근에는 쿠바 최고의 휴양지, 바라데로^{Varadero} 해변이 있다. 헤밍웨이가 즐겨 찾았던 바라데로 해변은 얼마 전까지만 해도 주민과 일부 관광객만 아는 조용한 휴양지였다. 그러나 지금은 사정이 다르다. 길게 펼쳐진 해변에 20여 곳에 이르는 리조트가 조성되어 있다. 바라데로의 리조트 타운은 타히티와 모리셔스 섬에 자리한 고급 리조트들처럼 화려하거나 세련된 맛은 없다. 하지만 대신 그곳 주민들

예술 마을 ⋯

의 순박한 삶을 엿볼 수 있다.

　『노인과 바다』의 무대가 되었던 코히마르는 작은 어촌이지만 그 어느 곳보다 낭만적이다. 빛 바랜 페인트 벽과 고색창연한 분위기의 요새, 소설 속 주인공이 걸어 나올 것만 같은 광장과 큰길까지. 뭐라 형언할 수 없는 묘한 매력이 감춰진 곳이다.

중국 ···▶ 태산

　　유구한 역사를 자랑하는 중국. 그 넓은 영토와 깊은 역사만큼이나 중국에는 오랜 세월 전통문화를 지키며 살아온 오지 마을부터 소수민족이 거주하는 마을까지, 사람들의 눈과 귀와 발길을 잡아끄는 마을이 헤아릴 수조차 없을 정도로 많다. 때문에 그중 어느 한 곳을 으뜸으로 꼽기란 여간 어려운 일이 아니다. 그래도 꼭 한 곳, 결코 놓치지 말라 권하고 싶은 곳을 선택하라고 하면, 13억 중국인의 마음속 고향, 태산泰山, Taishan을 꼽겠다.

　　황하 강 어귀에 자리한 산둥 성의 중심지, 제남에서 대륙 지역으로 연결된 들관을 달리다 보면 어느새 고도古都 태산을 만나게 된다. 중국에서의 방향은 계절을 상징한다. 중국의 5대 명산 중 가장 동쪽에 위치한 태산은 봄을 뜻한다. 일찍이 백성들이 도교의 성지로 신성시해오던 이곳의 지명, 태산타이산도 도교의 전설에서 비롯되었다. 전설에 따르면 옥황대제의 아들인 '태'가 거처했던 곳으로, 훗날 사람들이 그의 이름을 지명으로 쓴 것이 오늘날까지 이어진 것이다.

태산의 중심이자 태산으로 오르는 출발점이기도 한 대묘岱廟는 역대 중국 황제들이 왕위에 올랐음을 하늘에 고하는 봉선의식을 거행했던 장소로 그 자체로 중국의 역사다. 대묘는 베이징의 자금성, 공자의 흔적으로 가득한 곡부 대성전과 함께 중국 3대 건축물로 알려져 있다. 이곳에는 역대 황제들과 백성들에게 매우 뜻깊었던 장소답게, 보는 이의 호기심을 자극하는 명소가 즐비하다.

사방이 높은 성벽으로 둘러싸인 대묘에 처음 건물이 세워진 것은 당나라 현종 13년725년 때다. 이후 왕위에 오른 황제들은 이곳에 자신의 위상을 상징하는 건축물을 하나둘 세우기 시작했다. 현재 대묘에 남아 있는 건물은 총 813칸으로, 자금성 다음으로 큰 건축물이다. 8개 문과 동서남북에 각루角樓가 세워진 대묘의 중심에는 북송 때 건설한 정전과 각종 기념물이 가득하다. 또한 대묘에 남겨진 황제와 문인, 문객들이 남긴 글귀는 너무 많아 파악하기조차 어렵다.

자타가 인정하는 태산 최고의 명소는 대묘 북쪽에 자리한 산이다. 해발 1524미터에 달하는 주봉인 톈주봉天柱峰을 중심으로 4개 현과 시에 걸쳐 있는 태산의 면적은 425제곱킬로미터에 달한다. 중국에서 가장 오랜 된 시집 『시경時經』에는 태산에 대해 이렇게 기록해놓았다. "태산은

예술 마을 ⋯

· 톈주봉 정상에서 바라본 비샤웬쮠시 주변과 멀리 펼쳐진 화북평원

험하기 짝이 없으며 노魯나라보다 더 중시했다."

태산에 오르려면 버스와 케이블카를 이용하거나 가파른 계단을 걸어 올라가야 한다. 대묘에서 정상인 텐주봉에 도달하기 위해서는 계단을 7412개나 올라야 한다.

나는 언제나 인내심을 요구하는 가파른 계단 코스를 택한다. 고행에 가까운 여정을 택하는 것은 나무 한 그루와 돌 하나에도 각별한 의미가 들어 있을을 알기 때문이다. 발길 닿는 곳마다 새로운 모습으로 다가오는 바위에 새겨진 글귀와 작은 건축물들은 마치 신선들의 산책로를 연상시킨다. 명나라 때 건설한 홍먼궁紅門宮을 지나 더우무궁斗母宮에 이르자, 계곡과 자그마한 건물들이 눈에 들어왔다. 태산의 하단에 해당하는 이 지역에는 명사들이 읊은 시와 노래, 경문이 자연 암석에 새겨진 채 흩어져 있는데, 그 수가 자그마치 800점이 넘는다. 바위와 인공 구조물에 새겨놓은 유적지만 둘러보는 데도 족히 사나흘은 걸린다.

더우무궁에서 태산의 중간 지점에 해당하는 중텐먼中天門까지는 가파른 계단이 이어진다. 참도參道라 불리는 구간은 고도차가 400미터로 1594개 계단으로 이어져 있다. 구불구불한 급경사 계단은 태산에 오르는 것 자체가 수행임을 몸소 깨닫게 해준다. 그리고 고행길 도중에 만나게 되는 신앙심 깊은 이들이 만들어놓은 소박한 조형물과 누각은 중국인에게 태산이 얼마나 신성하고 소중한 장소인지 잘 보여준다. 이곳은 내가 가장 좋아하는 구간이기도 하다.

웅장한 산자락과 이어진 계곡, 누각, 커다란 바위에 새겨진 멋진 글귀를 만날 수 있는 이 구간 최고 비경은 더우무궁 건너편 난간에서 바

중국 황제들이 봉선의식을 거행했던 천년 고찰, 비샤웬쥔시
비샤웬쥔시 위쪽 커다란 바위를 깎아 새긴 글귀. 태산의 풍광에 대해 적혀 있다
태산의 정상임을 표시한 옥천봉 안의 돌 푯말. 1545미터라는 글씨가 보인다

· 태산으로 오르는 계단에 앉아 쉬는 할머니들
: 중국 3대 건축물 중 하나인 태안의 대묘 입구

Taishan

라보는 풍경이다. 겨우 서너 명밖에 올라설 수 없는 난간 위에 올라서면 1594개 계단과 주변에 조성해놓은 인공 구조물, 그리고 멀리 계단이 끝나는 난텐먼南天門과 태산 정상까지 바라다볼 수 있다. 태산 정상에는 역대 황제들이 봉선의식을 거행했던 천년 고찰, 비샤웬쥔시壁霞元君祠가 있다. 비샤웬쥔시는 1016년 송대에 창건된 사찰로, 태산의 여신 '벽하원군'이 모셔져 있다. 그렇기 때문에 여러 명의 역대 황제가 이곳에 올라 봉선의식을 거행했다.

벽하사를 나와 정상을 향해 조금 더 올라가면 공자의 위패를 모셔둔 사당과 마주하게 된다. 건물 자체는 공자의 고향인 곡부의 대성전과 비교할 수 없지만, 자연 경관과 어우러진 풍광만큼은 타의 추종을 불허한다. 중국 문화혁명 당시 공자의 많은 사당이 철거되는 수모를 겪었지만, 태산에 남아 있는 사당은 옛 모습 그대로다.

공자 사당에서 다시 수백 개의 계단을 더 오르면 태산의 정상인 텐주봉에 이른다. 해발 1545미터 지점인 정상에는 '옥황전玉皇殿'이란 세 칸짜리의 아담한 건축물이 세워져 있다. 옥황전은 옥황상제에게 제사를 지냈던 곳으로, 중앙에는 태산의 정상임을 알리는 작은 돌 푯말이 세워져 있다. 또한 텐주봉 주변에도 태산을 방문했던 황제와 문인들의 흔적을 엿볼 수 있는 유적지가 도처에 산재해 있다. 그중에서도 유독 눈에 많이 띄는 것이 커다란 바위에 새겨진 글귀들이다.

13억 중국인의 영혼과 신앙을 상징하는 태산. 겉모습은 특별히 내세울 것 없이 평범해 보이지만, 중국인에게는 마음속 고향과도 같은 산이다.

루마니아 ···▶ 브란

무더위가 기승을 부르기 시작하면 어김없이 서느런 불빛과 함께 화젯거리로 등장하는 흡혈귀. 드라큘라 이야기에는 늘 긴장감과 등골 오싹해지는 상상력이 동반된다. 우리네 처녀 귀신만큼이나 서양에서는 드라큘라가 책과 연극, 영화에 단골 주인공으로 등장한다. 작가와 예술가뿐만 아니라 일반인들의 호기심을 자극하는 드라큘라 전설의 근원지, 루마니아 브란Bran으로 떠나보자.

긴 송곳니에 검은 망토를 상징처럼 두른 흡혈귀 이야기가 수많은 곳에서 전해 내려오지만, 루마니아의 트란실바니아Transylvania 지방에 자리한 마을, 브란과 그곳의 중심에 우뚝 솟아 있는 브란 성Bran Castle만큼 생

생하고도 구체적인 전설을 전해주는 장소도 없다.

영국의 소설가 브람 스토커Bram Stocker가 1897년에 발표한 『드라큘라』에 등장하는 흡혈귀 백작, '드라큘라'는 실존 인물이 아니다. 15세기 초, 지금의 트란실바니아 지방을 통치했던 루마니아의 옛 왕국들 중 하나인 왈라키아 왕국의 왕, '블라드 체페슈Vlad Tepes'를 모델로 등장시켰을 뿐이다. 더욱 흥미로운 것은 소설 주인공의 모델인 블라드 체페슈 왕은 소설의 내용과는 상반되게, 항상 정의의 편에 서서 국민들을 위해 일한 까닭에 왈라키아 국민 모두에게 성군으로 추앙받았다고 전해진다.

그럼 백성들에게 절대적인 존경을 받았던 블라드 체페슈가 서방 세계에서는 냉혈 흡혈귀로 등장하게 된 까닭은 무엇일까? 그것은 15세기 중엽 루마니아의 경제를 장악하고 있던 앵글로색슨 계열의 상인들과 대립하면서 비롯되었다. 당시 앵글로색슨 계 상인들이 왈라키아 왕국의 경제를 움켜쥐고서 밀매와 무관세 영업으로 엄청난 폭리를 취하자, 블라드 체페슈 왕은 국민들의 삶을 향상시킬 목적으로 상인들에게 세금을 거둬들였다. 하지만 상인들은 노골적으로 왕의 정책에 반대했고, 이에 분노한 왕은 급기야 앵글로색슨족 상인들을 나무 꼬챙이로 찔러서 학살했다. 그의 이름 '체페슈'에 루마니아어로 '꼬챙이'라는 뜻이 포함되어 있는 것도 이런 역사적인 배경이 깔려 있다.

마을에서 숲으로 이어지는 큰길을 따라 조금 걸어가면 가파른 계단에 이르게 된다. 브란 성으로 들어가는 좁고 긴 계단에서부터 왠지 모르게 몸과 마음이 서늘해진다. 겨우 두 사람이 지나갈 정도의 좁은 계단을 올라 성에 들어서면, 여느 성하고는 다른 분위기가 감지된다. 중세의 성들

예술 마을 ···

이 대부분 어둡고 음습하지만, 브란 성은 그 전설만큼이나 어둡고 을씨년스럽다. 타원 모양에 가까운 브란 성은 작은 정원을 중심으로, 저마다 독특한 용도로 사용되었던 10여 개의 방과 크고 작은 생활공간으로 나뉘어 있다. 어느 것 하나 지나칠 수 없을 정도로 흥미로운 이야깃거리가 곳곳에 숨어 있는 이 성에서 방문객들이 가장 먼저 달려가는 곳은 소설의 주인공, 블라드 체페슈가 머물렀던 거실과 회의실 등이다.

서양의 성과 궁전들은 대부분 매우 화려하게 꾸며져 있지만, 브란 성의 내부에서는 호화로웠던 흔적을 어느 곳에서도 찾아볼 수 없다. 넓은 거실이라고 해봤자 20여 평이 조금 넘고, 그 흔한 금은세공 용품은 고사하고 실크 카펫이나 성의 주인이었던 블라드 왕가 사람들을 그려놓은 초상화마저 찾아볼 수 없다. 실내 장식이라고는 사냥해 온 야생동물 몇 마리를 박제해놓은 것과 바닥에 깔려 있는 곰 가죽이 고작이다.

브란 성에서 넓은 공간 중 하나로 왕가 사람들이 모여 주요 정책을 논의했던 서재 겸 회의장에서도 호화스럽거나 사치스러운 물건을 찾아볼 수 없다. 14세기 말, 성을 처음 건축한 블라드 1세가 사용했던 투구와 무기, 다양한 생활 용품들이 말끔하게 보관, 정리되어 있을 뿐이다. 회의장에 보관된 유물도 하나같이 소박한 물건들로, 당시 이 지방을 통치했던 블라드 왕족들이 얼마나 검소한 삶을 살았는지 엿볼 수 있다. 또 왕가의 은밀한 생활공간인 침실도 수수하고 단출하기는 마찬가지다. 그나마 고급스러운 분위기를 느낄 수 있는 물품이라고 해봐야 부부가 썼던 침대와 가구 정도가 전부다.

이렇기 소박함이 느껴지는 브란 성 몇몇 곳에는 이상하리만큼 독특

한 공통점이 있다. 우선 누구나 쉽게 감지할 수 있는 공통점으로, 실내가 무척 어둡다는 것이다. 전쟁이 잦고 종교의 힘이 컸던 중세 때 건설된 성들은 대부분 창문이 작고 그 수도 적다. 서재 겸 회의장의 큰 창문이라고 해도 한 사람이 겨우 몸을 밖으로 내밀 수 있는 크기다. 거실과 침실도 사정은 마찬가지다. 그나마 창문이 있는 곳은 다행이다. 주방으로 사용했던 공간이나 경비병들이 기거했던 장소는 출입문을 제외하고는 밀폐되다시피 했다.

또 하나의 공통점은 통로가 좁고 그 높이도 낮다는 것. 성 내부의 계단과 통로는 한 사람이 겨우 지나다닐 정도다. 물론 이렇게 만든 이유 또한 기술의 한계라기보다는 적의 침입에 대비한 것이겠지만, 그렇다 치더라도 너무 좁아서 드나들기에 여간 불편하지 않다. 음침하고 좁은 계단과 통로를 걷다 보면, 긴 송곳니를 드러낸 드라큘라 백작이 어디선가 불쑥 나타날 것만 같다.

을씨년스러운 브란 성 내부와 달리, 길게 이어진 발코니에서 보이는 성 외관과 마을 풍광은 사뭇 낭만적이다. 인근 산 정상에서 내려다본 브란 성과 정감 넘치는 마을, 마을 주위로 굽이굽이 흐르는 시냇물, 울창한 숲이 한눈에 들어온다. 아무리 보아도, 모골이 송연해지는 드라큘라의 무대보다는 예쁜 공주와 멋진 왕자가 로맨틱한 사랑을 이루었을 법한 동화의 무대에 더 가까워 보인다.

카르파티아 산맥Carpathians 남동부에 위치한 브란 마을은 숲과 민속예술이 잘 보존된 고장으로도 유명하다. 양질의 나무가 풍부해 나무 공예품과 도자기, 수예품 등이 발달했는데, 그중에서도 실을 이용한 수예

· 주민들어 잠시 일손을 멈추고 이방인을 바라보는 모습
: 브란 성 입구에서 토산품을 판매하는 아낙과 물건을 살피는 방문객

Bran

품은 유럽 최고의 품질을 자랑한다. 그래서인지 성 아래 자리 잡은 상점에서 판매되는 다양한 토산품 중에도 유독 수예품이 많다.

브란 마을 주민들은 지금도 전통적인 삶을 추구하고 있다. 한적한 들판에서 조상대대로 내려오던 방식 그대로 농사를 짓고, 선조들이 거주했던 고즈넉한 주택이 여전히 그들의 생활 터전이다. 소설 『드라큘라』의 무대인 브란 성을 제외하고는 특별히 내세울 것 없는 작은 마을이지만, 이곳 브란 마을 들판에 서면 동유럽 시골에 얼마나 여유로운 정취가 배어 있는지 자연스레 깨닫게 된다.

독일 ···▶ 뤼데스하임

독일 프랑크푸르트Frankfurt에서 라인 강 기슭을 따라 북쪽으로 한 시간 남짓 이동하면 라인 강과 니더발트Niederwald라는 숲 사이에 모습을 숨기고 있는 그림처럼 아름다운 뤼데스하임Rüdesheim을 만나게 된다. 대문호 괴테를 유혹했고, 독일 통일의 발자취가 녹아든 작은 농촌 마을, 뤼데스하임. 끝없이 펼쳐진 포도원, 그림처럼 아름다운 농가와 가게, 사람 냄새 가득한 '티티새 골목Drosselgasse, 드로셀 거리'은 독일 농촌의 낭만을 온몸으로 느끼게 해준다.

개인적으로 크루즈 여행을 선호하는 탓에 라인 강의 보석을 찾을 때마다 마인츠Mainz에서 출발하는 유람선을 이용한다. 기차와 승용차보다

족히 곱절이 넘는 시간을 투자해야 하지만 낭만적인 라인 강변의 풍경을 만끽하기에는 유람선만큼 좋은 이동 수단이 없다.

크루즈 갑판 위에서 바라본 뤼데스하임은 한 폭의 그림이었다. 숲을 뒤로 하고 포도 농장과 라인 강을 응시하는 아담한 고성, 농장 가운데 자리한 농가, 앙증맞은 지붕이 나열된 마을, 숲의 나라임을 여실히 보여주는 울창한 나무들. 유람선을 타고 뤼데스하임 마을로 향했던 이라면 나와 같은 기쁨을 맛보았을 것이다.

자그마한 선착장에서 마을로 향하다 보면 붉은 벽돌을 높게 쌓아 올린 건물과 마주하게 된다. 한눈에도 제법 커 보이는 그 건물은 과거에 영주와 영주의 가족이 거주했던 브룀저Brömserberg 성이다. 높이 축성해놓은 망루와 두꺼운 성벽이 인상적인 성은 본래의 기능을 상실한 상태다. 하지만 뤼데스하임 마을을 찾는 많은 방문객은 브룀저 성부터 찾는다. 이유는 마을의 자랑거리인 와인과 관련된 다양한 자료를 접할 수 있기 때문이다. 와인 관련 자료만 해도 5000점이 넘게 전시된 브룀저 성은 볼거리가 가득하다.

흥미로운 전시품으로 가득한 성이지만, 무엇보다 방문객의 시선을 유혹하는 곳은 독일 작가 괴테Goethe에 관한 자료를 모아둔 방이다. 고향 프랑크푸르트에서 가까운 이곳을 자주 찾았던 괴테는 이 마을에서 생산된 와인을 마시며 느꼈던 기분을 이렇게 기록해놓았다. "뤼데스하임에서 생산한 와인이 입술을 통해 혀끝으로 전달되는 순간은 마치 사랑하는 여인과 첫 키스를 할 때만큼이나 감미롭다"고. 그리고 "때때로 와인을 마시기 직전의 감정은 사모하는 사람을 만나기에 앞서 느꼈던 설렘

뤼데스하임 와인 박물관에 보관된 괴테의 친필 서명
와인 박물관에 전시된 옛 황제의 와인 잔

Rüdesheim

과 같다"고. 개인적인 생각이지만 괴테가 뤼데스하임의 와인을 이토록 극찬했던 데에는 아름다운 라인 강과 정감 넘치는 마을 분위기가 한몫 했으리라 짐작해본다. 그를 만나 직접 확인해 볼 수는 없지만, 뤼데스하임의 추억을 간직한 이라면 누구나 나와 같은 생각일 거라 믿어 의심치 않는다.

괴테의 삶의 흔적과 위업으로 가득한 전시관을 지나 2층으로 올라가면 마을에서 생산된 유명 와인과 역대 제후와 영주들이 사용했던 술잔과 각종 용품이 전시되어 있다. 이곳에 전시된 유물 중 유독 눈에 띄는 것은 바로 와인 잔이다. 금은으로 장식된, 40~50센티미터가 넘는 잔부터 10센티미터도 안 되는 작고 앙증맞은 잔까지 꽤 많은 잔이 관람객의 시선을 잡아끈다. 한편 창고에 죽 늘어선, 와인이 그득 담긴 자작나무 술통은 유서 깊은 와인의 고장, 뤼데스하임의 위상을 증명해주고 있다.

브룀저 성을 나와 포도원 쪽으로 걸어가다 보면 '티티새 골목'이 반갑게 다가선다. 겨우 서너 명이 지나갈 수 있을 정도로 좁은 골목이지만 수십 개의 레스토랑과 카페, 와인 전문점, 토산품 가게가 모두 모여 있다. 저마다 다른 분위기의 레스토랑과 카페는 물론, 독특한 장식으로 꾸민 상점과 그곳에서 판매되는 각양각색의 물품은 이곳이 골목인지 야외 박물관인지 구별되지 않을 정도로 아름답다.

티티새 골목의 자랑거리 중 으뜸은 역시 분위기 좋은 카페와 레스토랑이다. 이곳의 카페와 레스토랑은 단순한 음식점이 아니라 하나의 문화 공간이다. 꽃과 조각으로 장식된 입구와 식탁도 멋지고, 건물 벽면을 장식한 프레스코 벽화와 간판은 그야말로 예술이다. 하지만 티티새 골

예술 마을 …

RIESLING-
STUBEN
Kaffee
+
Kuchen

iesem kleinen Haus
mancher ein u. aus
ihm tat bieten
er er zufrieden

목의 진짜 자랑거리는 눈에 보이는 것이 전부가 아니다. 한자리에서 대를 이어 음식점을 운영해 온 주인과 친절이 몸에 배어 있는 종업원들도 빼놓을 수 없다. 거기에 부담 없는 가격의 와인도 놓칠 수 없다.

골목을 빠져나오면 구릉을 따라 펼쳐진 포도밭이 반긴다. 오늘날 와인의 본향은 자타가 인정하듯 프랑스 보르도 지방이다. 하지만 일찍이 로마인들은 풍부한 수량과 따뜻한 햇살이 쏟아지는 뤼데스하임 마을과 인근의 계곡과 산록을 와인 산지로 개발했다. 뤼데스하임 포도원은 햇볕 잘 드는 남쪽 언덕을 따라 조성되어 있다. 마을에서 재배되는 와인으로는 리슬링Riesling을 필두로 실바네르Sylvaner, 밀러투르가우Muller-Thurgau 등이다. 이곳에서 재배되는 포도는 당도와 산도가 높기로 유명하다. 독일에도 와인 생산지가 여러 곳 있지만, 뤼데스하임에서 생산되는 트로켄베렌다우스레제Trockenbeerenauslese와 리슬링은 단연 최고다. 2000년 역사를 자랑하는 와인 산지 뤼데스하임. 과거에는 레드와인과 화이트와인을 함께 재배했다. 하지만 주민들은 오랜 세월에 걸친 경험과 연구를 토대로 뤼데스하임이 화이트와인 재배지로 최적의 환경임을 깨닫고 화이트와인 생산에 심혈을 기울이게 되었다.

사방으로 연결된 좁은 포도원을 걷다 보면 니더발트 전망대에 이르는데, 전망대 중앙에는 높이 36미터에 이르는 '게르마니아 여신'의 거대한 동상이 세워져 있다. 1871년 독일 통일을 기념하기 위해 1883년에 세운 것이다. 니더발트 전망대에서 바라본 풍광은 보석과도 같은 독일 시골의 아름다움을 유감없이 보여준다. 구릉과 들판에 펼쳐진 포도밭, 라인 강과 포도원 사이에 자리 잡은 마을, 강 너머 옹기종기 모여 있는 집들과 멀리 고성까지.

　라인 강변에 살포시 자리한 뤼데스하임. 와인 산지로서의 명성이나 규모는 프랑스 보르도와 부르고뉴에 비할 수 없다. 하지만 소박한 마을 뤼데스하임에는 위대한 작가, 괴테의 삶의 흔적과 독일 농촌의 생동감 넘치는 숨결이 거리 곳곳에 그대로 남아 있다.

노르웨이 ⋯▶ 홉

한때는 노르웨이의 수도이자 한자동맹13~15세기. 독일
북부 연안고- 발트 해 연안의 여러 도시 사이에 이루어진 도시 연맹의 주요 거점 도시였
던 베르겐Bergen은 지금도 북해를 대표하는 항구 도시다. 베르겐 시내 한
가운데 있는 플뢰엔Floyen 산에서 바라본 천혜의 어장, 북해와 그 주변
풍경은 한 폭의 그림을 연상시킨다. 정감 넘치는 선착장, 목조 건물이
늘어선 옛 창고 유적지와 어시장은 노르웨이 서부를 상징하는 도시라는
명성에 부족함이 없다. 그리고 이곳 베르겐에서 자동차를 타고 외곽 쪽
으로 20여 분 달려가면, 진정한 노르웨이를 피부로 느낄 수 있는 작은
마을, 홉Hop을 만날 수 있다.

세대를 뛰어넘어 노르웨이의 영원한 영웅으로 손꼽히는 위대한 음악가, 에드바르트 그리그Edvard Grieg. 그가 평생을 사랑했던 마을, 홉은 노르웨이가 얼마나 여유롭고 낭만적인 고장인지 짐작케 해준다. 홉이라는 지명조차 생소하지만, 세계 여행자들이 평범하기 짝이 없는 이 작은 마을을 찾는 이유는 아마도 그리그의 흔적을 만나기 위해서가 아닐까 싶다. 홉의 아름다운 호수 주변으로 크고 작은 목조 주택이 옹기종기 늘어서 있고, 모든 가구를 합산해도 100호가 채 넘지 않는다. 죽음과 불안을 화폭에 담아냈던 노르웨이 화가, 에드바르트 뭉크Edvard Munkch의 그림과는 대조적으로 홉의 풍경은 한없이 목가적이다.

이 마을의 유일한 명소는 호숫가 언덕에 자리한 트롤하우젠Troldhaugen, 바로 그리그의 집이다. '요정이 사는 언덕'이란 뜻을 가진 간직한 이곳은 스위스풍의 멋진 건물이다. 마을에서 트롤하우젠으로 이어지는 아름다운 오솔길에 들어서면 동화 속 요정이라도 만날 수 있을 것 같다.

트롤하우젠은 여름이면 그리그 부부가 어김없이 찾아와 지낸 이층짜리 목조 주택으로, 호숫가에는 그리그의 오두막 작업실이 있고, 자연 경관과 어우러지게 지어놓은 콘서트홀, 박물관, 그리고 그리그 부부의 무덤과 동상이 있다. 어디에서도 화려함이라고는 찾아볼 수 없다. 자연 지형을 활용해 지어 올린 많은 친환경 건물은 '요정이 사는 언덕'이라는 이름에 한껏 어울린다.

그리그는 호숫가에 자리한 작은 오두막에서 많은 시간 창작에 매진했다. 이 오두막 작업실은 위대한 음악가의 창작 공간이라고는 믿기 어려울 정도로 소박하고 작다. 하지만 오두막 창밖으로 바라다보이는 빛 쏟

· 언덕에 자리한 그리그 박물관
: 그리그 부부가 함께 생활했던 트롤하우젠의 목조 가옥

· 그리그가 음악의 열정을 쏟아냈던 호숫가의 오두막 작업실
: 그리그의 유품과 작품 진본이 보존되어 있는 그리그 박물관

아지는 호수와 숲의 풍광은 그의 음악 속에 흐르는 차분하면서도 독특한 선율이 어디서 시작되었는지 짐작케 해준다. 소박하고 볼품없는 작업실은 그리그가 애지중지했던 피아노와 책상, 간이침대가 살림살이의 전부다. 저명한 작가와 예술가의 생가와 흔적을 찾아 많은 곳을 둘러본 나로서도 이토록 소박한 창작 공간은 본 기억이 없다. 그리그는 이 좁은 오두막에서 〈피아노 협주곡〉을 비롯해 〈페르 귄트 모음곡〉, 〈솔베이지 노래〉 등 주옥같은 명작을 탄생시켰다.

아담한 오두막 작업실과 목조 주택 사이에는 콘서트홀이 있다. 자연 지형을 활용한 콘서트홀은 공연장과 그리그의 작품 세계를 엿볼 수 있는 공간으로 꾸며져 있다. 나지막한 언덕을 닮아 작달막한 콘서트홀 외관은 풀과 잔디가 자라나는 지붕과 지형의 경사면을 따라 지은 계단 때문에 자연의 일부처럼 느껴진다.

음악회가 열리는 때를 제외하면 콘서트홀은 언제나 열려 있어 자유롭게 홀 안을 감상할 수 있을 뿐 아니라 원하는 자리에 앉아 휴식을 취할 수도 있다. 빈과 파리의 화려하고 유명한 콘서트홀에서는 맛볼 수 없는 푸근함이 느껴지는 공간이다. 이 작은 공간은 연주자와 관객을 자연스레 이어주고, 아늑한 실내는 누구나 긴장을 풀고 음악을 감상하기에 더없이 좋다.

따뜻한 햇살이 호숫가에 기운을 불어넣는 계절이 다가오면, 트롤하우젠의 콘서트홀에서는 음악회가 열린다. 그리그의 여름 음악회는 국제적인 명성으로 굳건한 위치를 점유했지만, 그의 삶만큼이나 소박하다. 콘서트홀뿐만 아니라 작업실과 호숫가에서도 열리는데, 소박하면서도 수준 높은 연주로 그리그 음악 애호가들을 시골의 이 작은 마을로 불러 모은다.

콘서트홀 한켠에는 각종 자료를 전시해놓은 그리그 박물관이 있다. 박물관이라 부르기 무색할 만큼 작은 박물관에는 여러 악보와 그리그가 평소 즐겨 쓰던 물건이 그의 서정 모음곡만큼이나 소박하게 전시되어 있다. 트롤하우젠의 나지막한 언덕에서 나름대로 가장 높은 자리에 그리그 부부가 매해 여름을 보냈던 목조 가옥이 있다. 지금은 박물관으로 탈바꿈한 이곳은 그리그 부부의 체취가 남아 있는 듯한 침실과 휴식 공간을 비롯해 안주인의 정성이 가득 담긴 장식용 액세서리 등으로 가득하다. 마치 그들 부부가 여전히 살아 숨쉬며 두런두런 이야기를 나누는 모습이 눈앞에 선히 그려질 만큼 당시의 모습이 완벽하게 보존되어 있다.

그 외에도 트롤하우젠에는 정겨운 장면과 소품이 즐비하다. 바위 중간에 조성된 부부의 묘지며 그리그의 콧수염을 잘 표현한 자그마한 동상, 바라보는 각도에 따라 다른 느낌으로 다가오는 조형물. 하지만 이 모든 것브다 매력적인 것이 있다. 바로 신의 손길로 빚어진 햇살과 눈앞에 펼쳐지는 자연 풍경이다. 트롤하우젠과 홉에서 온몸으로 맞이하는 햇살과 풍경은 노르웨이의 진정한 아름다움을 그대로 느끼게 해준다.

베르겐 외곽에 자리한 작은 마을, 홉. 이곳 호수에 북구의 긴 태양이 비치기 시작하는 여름이면 그리그와 그의 음악을 사랑하는 이들은 어김없이 이 마을을 찾아올 것이다.

매년 작은 음악회와 공연이 열리는 트롤하우젠의 콘서트홀

트롤하우젠의 그리그 동상 앞에서 이야기를 나누는 관광객들

Sheffield, Batuan, Naoshima, Labadee
Saint Paul de Vence, St. Moritz
Sidi Bou Said, Key West, Cojimar, Thaishan
Bran, Rüdesheim, Hop, Luang Prabang
Olympia, Salzkammergut, Petra, Rila
Itchan Kala, Khajuraho
Santillana del Mar, Memphis
Cesky Krumlov, Pamukkale, Troodos
Ngorongoro, Rovaniemi, Yellowknife
Lake Inle, Orvieto, Hay on Wye
Kampong Ayer, Victoria Falls, Folk Village
Ile aux Cerfs, Moorea, Gallivare, Palau

치열한 삶의 흔적과
역사의 숨결이 배어 있는

문화 마을

라오스 ⋯▸ 루앙프라방

　　시선 닿는 곳 어디든 신비롭다. 탁 트인 망망대해는 아니지만 메콩 강을 따라 길게 자리한 루앙프라방은 시간 여행을 즐기려는 이들에겐 더없이 매혹적인 곳이다. 아니 천국이다. 무작정 걷다 만난 꽃 파는 소녀. 한창 뛰어놀 나이에 수행의 길을 택한 어린 승려. 정성스럽게 준비한 음식을 시주하는 할머니의 미소는 석가모니 부처의 환생을 보는 듯하다. 라오족이 세운 최초의 통일 왕국의 수도이자 라오스인 모두의 영원한 안식처, 루앙프라방Luang Prabang. 이 아름답고 신비로운 왕국은 아직도 황금빛 깊은 잠에 빠져 있다.

　　루앙프라방에는 옛날부터 전해 내려오는 전설이 있다. 그 내용인즉,

루앙프라방의 옛 지명 '시엥통'이란 이름을 간직한 시엥통 사원
벽면 전체가 황금인 루앙프라방의 마이 사원

동쪽으로 여행을 떠나온 석가모니가 루앙프라방에 머물렀다가 떠나면서 예언하기를, 이곳은 풍요로운 도시로 번영할 것이라 했다고 한다. 그리고 석가모니의 예언은 오랜 세월이 지난 14세기에서야 마침내 현실로 드러나기 시작했다.

루앙프라방이란 지명을 안겨준 신성한 황금 불상, '프라방'은 지금도 라오스 왕립 박물관에서 자비로운 미소로 방문객을 맞는다. 란산'100만 마리의 코끼리'라는 뜻 왕조의 위엄으로 가득한 루앙프라방에는 호기심을 자극하는 명소가 즐비하다. 눈이 부시도록 화려한 사원과 절제된 삶을 살아가는 승려, 전통적인 삶을 추구하는 신앙심 깊은 주민들까지.

하지만 이 모든 것을 뛰어넘는 것이 하나 있다. 매일 아침이면 어김없이 펼쳐지는 탁발 순례가 그것이다. 출가 수행자인 승려들이 음식을 담는 '발鉢'이란 그릇을 들고 시내를 돌며 끼니를 해결하는 의식이다. 이색적인 광경을 연출하는 탁발 순례는 이미 반세기 전부터 지구촌의 명물로 명성이 자자하다.

탁발 순례는 매일 새벽 5시 30분이면 어김없이 시작된다. 승려의 참가 자격이 따로 정해져 있지는 않지만 주로 어리거나 젊은 승려가 참여한다. 사원을 나선 승려들이 마을을 순회하고 다시 사원으로 오기까지 소요되는 시간은 한 시간 남짓. 그런데 이들 승려보다 더 이른 새벽 시간에 부산스럽게 몸을 움직이는 이들이 있다. 바로 자식과 손자 같은 승려들에게 정성스럽게 준비한 음식을 내주는 주민들이다. 빠듯한 형편에도 성의껏 준비한 음식을 시주하는 그들의 모습을 보노라면, 매 순간의 일상에 집착했던 나의 지나온 삶을 돌아보게 된다.

루앙프라방은 도심 전체가 유네스코 세계문화유산으로 등재되어 있다. 도시에 흩어져 있는 유적지 중 이방인을 유혹하는 곳은 단연 사원이다. 루앙프라방에 터를 잡은 사원은 80곳, 출가승만도 1000명에 달한다. 저마다 흥미로운 사연을 간직한 사원 중 대표 주자로는 왓시엥통Wat Xieng Thong, 왓마이Wat Mei 왓위쑤나랏Wat Visunalat을 들 수 있다. 동쪽 끝에 자리한 시엥통 사원은 14세기 때 창건된 고찰이다. 라오스 양식으로 지어진 사원의 얼굴은 화려한 법당으로, 석가모니의 생애를 담아낸 채색 벽화와 모자이크는 탄성마저 되삼키게 한다.

여러 작품 중 나에게 가장 큰 감동을 안겨준 작품은 법당 서쪽 벽면을 장식한 〈깨달음의 나무〉였다. 〈깨달음의 나무〉는 커다란 나무를 중심으로 공작새와 호랑이, 부엉이, 순례자, 석가모니 등이 묘사되어 있다. 불교 사상과 미술에 문외한인 나의 눈에도 심오한 이야기가 담겨 있는 듯 보였다. 법당 건너편 아담한 예배당 벽면에는 〈해탈에 이르는 길〉이란 작품이 있다. 〈깨달음의 나무〉에 비해 작고 화려하지도 않지만 석가모니가 수행을 통해 해탈에 이르는 과정을 그려놓은 이 작품은 미얀마와 태국에서 보았던 것과는 확연히 달랐다.

루앙프라방 중심부에는 란산 왕조 때부터 최고 승려가 거주했던 왓마이가 있다. 황금으로 도금된 출입문과 거대한 불상이 모셔진 마이 사원은 규모와 예술성 면에서 시엥통 사원에는 미치지 못한다. 하지만 화려함만큼은 타의 추종을 불허한다. 지금도 많은 학승이 정진하고 법전을 공부하는 도량道場으로서 옛 란산 왕조가 일궈낸 문화가 얼마나 풍요롭고 화려했는지 극명하게 보여주는 좋은 예다.

145
Luang Prabang

　도시 북쪽에는 아담한 위쑤나랏 사원이 있다. 시엥통과 마이 사원에 비할 수는 없지만, 어떤 유물보다 귀한 석가모니 사리가 보관되어 있어 주민들이 자주 찾는 곳이다. 비록 많은 사원이 사라졌지만 루앙프라방에는 지금도 많은 사원과 승려들이 거주하고 있다. 루앙프라방에서 승려는 존경의 대상이다. 이들이 주민에게 극진한 예우와 대접을 받는 것은 부처님의 삶과 가르침을 몸소 실천하고 있기 때문이 아닐까?

　시시때때 수시로 옷을 갈아입는 고도, 루앙프라방. 시간을 잃어버린 아름다운 이곳을 감상하려면 메콩 강 건너편 언덕이 제격이다. 100여 미터에 달하는 언덕에 오르면 메콩 강과 칸 강 사이에 자리한 루앙프라방이 한눈에 들어온다. 위치와 시간대에 따라 전혀 다른 모습으로 다가오는 루앙프라방의 환상적인 풍경은 이른 아침이나 석양이 고개를 숙이는 저녁 무렵이 절정이다.

　루앙프라방에는 백화점이나 명품 가게도 없고 대형 쇼핑몰도 없다. 그러나 이곳에는 지구촌 어디에 내놓아도 손색없는 역동적인 삶과 온정 넘치는 재래시장이 있다. 무더위가 꼬리를 내리는 저녁 무렵이면 큰 길은 갑자기 활기를 띤다. 가게에 내놓은 상품이라고 해봐야 각양각색의 토산품과 기념품, 의류 같은 생활용품이 전부지만, 루앙프라방의 재래시장에는 지구촌 어디에서도 느낄 수 없는 따뜻한 미소와 정이 넘쳐난다.

　루앙프라방 주민들은 21세기를 살아가는 사람 같지 않다. 관광산업이 지역 경제에서 절대적인 몫을 차지하는 것도 그 이유 중 하나겠지만 이들의 심성 자체가 근본적으로 착하다. 거리를 걷다가 무더위를 피할 심

산으로 그늘에 잠시 멈춰 서면, 어김없이 찬물 가득한 컵과 함께 미소를 건네는 그들이다. 물질적인 풍요를 누리지는 못하지만, 남의 것을 탐하지 않고 자신이 가진 것을 아낌없이 내어주는 사람들. 루앙프라방의 순박한 사람들을 만나며 잠시나마 진정한 삶이 무엇인지 생각해 볼 수 있었다.

그리스 ⋯▸ 올림피아

전쟁마저 멈추게 만들었던 올림피아Olympia. 그리스 펠로폰네소스Peloponnesos 반도 서쪽 끝자락에는 세상에서 가장 아름다운 산촌, 올림피아가 있다. 오랜 세월 평화를 상징했던 올림피아는 이제 옛 명성이 무색할 정도로 작은 모습으로 남아 있다. 세상으로 통하는 기차역 주위에 겨우 300가구 남짓한 집들이 모여 있는 올림피아 마을까지 오려면 꽤 많은 시간을 할애해야 한다. 지금은 비록 작은 산촌 마을로 전락했지만 평화의 마을, 올림피아가 우리에게 전하는 메시지는 더없이 소중하다.

클라데오스Kladeos 강과 알페이오스Alfeios 강이 만나는 올림피아에 사람들이 살기 시작한 것은 기원전 3000년경부터다. 이곳 주민들은 제우스 신을 숭배하기 위해 여러 가지 행사를 벌였는데, 그중 하나가 고대 올림픽 경기다. 고대 올림픽이 언제 시작되었는지 명확하게 밝혀진 자료는 없다. 학자와 자료에 따라 주장하는 시기가 조금씩 다르지만, 일반적으로 기원전 776년이라는 설을 인정하는 추세다.

당시는 올림픽 참가 선수와 관람객의 안전을 위해 경기가 열리는 기간을 기준으로 3개월 동안은 전쟁까지 중지하게 했다고 한다. 그들이 올림픽을 얼마나 중시했는지 알 수 있는 증거다. 고대 올림픽은 단순히 달리고 창이나 원반을 던지는 행사가 아니라, 평화의 행사였다는 표현이 적절하다. 전쟁까지 중지시켰던 올림픽 정신은 훗날 그리스 통일에 결정적으로 기여했을 뿐만 아니라, 오늘날에는 지구촌 가족들을 한 마음으로 TV 앞에 모여들게 하는 즐거움이기도 하다.

한때 그리스, 로마 시대를 대표하는 문화 도시였던 올림피아가 보잘 것없는 산촌으로 탈바꿈하게 된 이유에 대해 정확히 밝혀진 것은 없다. 현재까지 밝혀진 여러 학설 가운데 신빙성 있는 설에 따르면, 6세기경 발생한 대규모 지진을 꼽을 수 있다. 고대 올림피아에도 지금처럼 클라데오스 강과 알페이오스 강이 도심으로 흘러들었는데, 지진 때 두 강이 흐르는 수로가 바뀌면서 유입된 엄청난 모래가 유적지를 완전히 매몰시켜버렸다는 것이다. 이를 증명하듯 올림피아 유적지 바로 앞과 주변에는 지금도 두 강이 흐르고 있다.

그리스는 나의 여행 일지에 매우 중요하게 각인된 곳이다. 그리스 어디든 신화와 전설, 역사의 흔적을 접할 수 있는 섬과 산간 마을이 즐비

올림피아 유적지 입구에 조성된 유적지. 고대 올림픽 참가 선수들의 연습 장소로 알려져 있다

: 최고의 신, 제우스를 모신 제우스 신전

하다. 그런데 그중에서도 유독 접근하기 힘든 올림피아를 내가 좋아하는 이유를 설명하라면, 평화라는 인류의 소중한 가치를 추구했던 장소이기 때문이고, 흥미로운 유적지와 유물을 반경 2킬로미터 안에서 모두 볼 수 있기 때문이라고 할 수 있겠다.

평화를 상징했던 올림피아의 얼굴은 고대 올림픽 경기장 입구에 조성된 신전이다. 최고의 신 제우스를 숭배하기 위해 만들어진 유적지는 규모와 가치 면에서 아테네의 아크로폴리스Acropolis와 델포이Delphoe 유적지보다 더 중시되었다. 제우스 신전을 비롯해 오늘날 올림픽 성화의 채화 장소인 헤라 신전, 다양한 스포츠 교육을 담당했던 김나지움, 정원 등으로 이루어진 유적지는 그 규모가 아크로폴리스보다 훨씬 크다. 그리고 주변에는 파르테논 신전을 건설하는 데 크게 공헌한 그리스 건축가이자 조각가인 페이디아스Pheidias의 작업장 등 호기심을 끄는 유적지도 많다.

이들 유적지 한복판에 제우스 신전이 있다. 기원전 470년에 공사를 시작해 14년이란 긴 세월 끝에 모습을 드러낸 제우스 신전은 그리스 신전 양식의 표본이다. 제우스 신전에서 현존하는 유적은 세 개 층으로 이루어진 기단과 세 개의 기둥뿐이다. 그러나 처음 위용을 드러낼 당시에는 높이가 10.53미터에 이르는 34개의 거대한 기둥이 우뚝 서 있었던 으리으리한 신전이었다. 신전을 받치는 아래쪽 기둥의 지름만 해도 자그마치 2.23미터로, 그리스의 어느 신전에 세워진 기둥보다 웅장했다. 물론 초기 건축물이기에 세련미는 조금 떨어진다.

제우스 신전 북쪽의 헤라 신전은 올림피아 유적지에 조성된 신전 가

· 달리기, 원반던지기, 창 던지기 등이 열렸던 올림피아 메인 경기장
: 기원전 160년경 헤로데스 아티쿠스가 시민들을 위해 건설하여 기부한 급수 시설 유적

· 올림피아 박물관에 보관된 헤르메스 상. 인류 최고의 걸작으로 꼽
  힌다
: 올림피아 박물관에 전시되어 있는 갖가지 모양의 투구

운데 역사가 가장 깊다. 하지만 웅장한 규모 면에서는 물론 제우스 신전에 못 미친다. 그러나 하계와 동계 올림픽이 개최되는 시기에 어김없이 채화 의식을 거행했던 곳으로, 지구촌 가족들에게는 그리스 신전의 어느 곳보다 친숙한 장소다.

신전 유적지 동쪽에는 경기장 유적지가 있다. '스타디움Stadium'의 어원은 그리스어 '스타디온Stadion'에서 유래했다. 스타디온은 경기장을 의미하는 것이 아니라 길이의 단위로, 올림피아에서는 1스타디온이 192.29미터였다. 최초 올림픽에서는 달리기 한 종목만 경기가 열렸다고 한다. 당시는 선수들만 입장이 허락되었지만 지금은 누구나 자유롭게 경기장을 달릴 수 있다. 경기장 유적지는 선수들이 선의의 경쟁을 벌였던 경기장과 관람석, 심판석으로 이루어져 있다.

신전 북쪽에는 고대 그리스 문화와 올림픽 관련 자료를 전시해 둔 박물관이 있다. 규모로는 아테네 고고학 박물관에 비할 수 없지만, 세계 평화와 올림픽의 정신을 엿볼 수 있는 각종 유물이 방문객을 기다리고 있다.

올리브나무는 그리스 어느 도시에서나 흔히 만날 수 있지만, 올림피아만큼 올리브나무와 마을이 한데 어우러져 정겨운 풍경을 연출하는 곳은 없다. 큰길을 따라 늘어선 가게와 여행자들을 위한 숙소, 관광 안내를 담당하는 주민들을 제외하고는 올림피아 주민 대부분의 생업은 농업이다. 그리스의 여타 산간 마을처럼 올림피아 주민들도 농장과 들판에서 생산하는 올리브로 생계를 유지하며, 올리브에 대한 이들의 자긍심과 애정은 상상을 초월할 정도다.

올리브는 올림피아 주민들에게 경제적인 풍요와 장수의 원천이다. 그리스의 어느 가정에서나 올리브를 활용한 음식을 즐기며, 우리네 김치처럼 그들 식탁에는 올리브가 빠지지 않고 오른다. 야채샐러드부터 주식으로 먹는 꼬치구이 '수블라키', 야채와 양고기 또는 쇠고기를 다져서 토마토 양념을 넣고 함께 볶은 '무사키', 오징어튀김인 '칼라말리아' 등 모든 음식에 어김없이 올리브기름이나 올리브 열매가 들어간다.

신화와 스포츠의 성지, 올림피아는 큰 명성과 달리 조그마한 산간 마을이다. 마을 전체가 거대한 유적지인 올림피아는 발걸음을 옮길 때마다 호기심을 자극하는 유적지를 만날 수 있다. 살육의 전쟁마저 멈추고 인류의 축제를 벌였던 올림피아. 이제 이곳에서 자기 고장의 명예를 걸고 갈고닦은 운동 실력을 유감없이 발휘하던 선수들은 만날 수 없지만, 인류에게 가장 중요한 것이 무엇인지, 가장 소중한 가치가 무엇인지 보여주었던 소박한 그들의 후예를 만날 수 있다.

오스트리아 ···▶ 잘츠카머구트

눈부시게 빛나는 호수, 계절마다 자연의 옷으로 곱게 단장하는 산, 흥미로운 이야기를 간직한 그림 같은 마을들. 이 모든 것이 아름답게 어우러진 잘츠카머구트Salzkammergut는 우리에겐 조금 낯선 이름이지만, 영화 〈사운드 오브 뮤직〉을 통해 이미 지구촌 가족들에게 오스트리아의 환상적인 풍광을 인지시킨 바 있다. 각 마을마다 고유의 그림 같은 풍광을 자랑하는 잘츠카머구트는 오스트리아의 목가적인 시골 풍경으로 우리를 매혹한다.

잘츠카머구트는 잘츠부르크Salzburg 등의 세 개 주에 걸쳐 있는 지방으로, 수도 빈과 잘츠부르크 사이에 있는 해발 500~800미터의 구릉지대

· 한 폭의 그림 엽서를 연상시키는 잘츠카머구트 풍경
: 잘츠카머구트의 드넓은 와인 농장

에 자리하고 있다. 그 일대의 해발 고도 2000미터 산과 76개의 호수가 함께 빚어내는 천혜의 풍경은 잘츠카머구트에서 느낄 수 있는 특별한 즐거움 중 하나다. 이미 잘츠카머구트를 다녀간 사람들은 말할 것도 없고 아직 방문하지 못한 사람들도 TV와 책자, 포스터 등을 통해 그 아름다움을 익히 대면했을 것이다. 알프스 산록, 환상적인 호수, 계곡과 언덕에 자리한 귀여운 목조 주택들이 어우러진 잘츠카머구트는 한마디로 '동화의 나라'다.

오스트리아 최고의 휴양지, 잘츠카머구트를 상징하는 마을은 볼프강Wolfgang과 푸슐Fuschl, 트라운Traun, 고자우Gosau, 샤프베르크Schafberg, 바트이슐Bad-Ischl, 할슈타트Hallstatt 마을 등 무궁무진하다. 잘츠카머구트의 어느 마을을 찾아가도 정겹고 환상적인 풍광과 대면할 수 있지만 알프스 산록과 호수 사이에 자리를 틀고 있는 할슈타트만큼 매혹적인 곳도 드물다.

할슈타트는 웅장한 알프스 산자락에 투명한 호수를 품고 있는 아담한 마을이다. 할슈타트를 단순히 아름다운 마을로만 알고 있는 이들이 있겠지만, 그것이 전부가 아니다. 비록 작은 마을이지만, 할슈타트는 유럽을 대표하는 석기와 철기 문화를 꽃피웠던 곳이다. 더욱이 중세 때는 '하얀 황금'이라 불리는 소금으로 막대한 부를 축적하기도 했다. 한때는 잘츠부르크, 할Hall과 함께 오스트리아 경제를 쥐락펴락하던 시절도 있었다. 오늘날 할슈타트 마을에서 만날 수 있는 성당과 커다란 건축물은 모두 소금이 가져다준 신의 선물이다.

할슈타트의 매력은 다채롭다. 신비롭고 영롱한 호수와 마을은 말할 것도 없고, 마을 뒷산에 자리한 소금 광산은 보는 이들의 발걸음을 끌기에 모자람이 없다. 한때 유럽의 최대 소금 생산지였던 할슈타트에는 지금도 채취가 가능한 거대한 소금 광산이 있다. 채산성을 잃고 지금은 채굴이 중단된 상태지만, 반세기 전만 해도 할슈타트의 경제를 떠받쳤던 마을의 보물이다.

할슈타트의 소금 광산은 누구나 관람할 수 있다. 소금 광산으로 입장하려면, 먼저 옛날 광부들의 작업복으로 갈아입고 협궤 열차를 타야 한다. 광산에 들어서면 제일 먼저 방문객을 맞는 것은 채굴 당시 광부들이 사용했던 장비와 각종 시설이다. 채굴 장비와 시설물이 전시된 입구를 지나면, 소금이 녹아 만들어진 작은 연못과 하얀 암석을 연상시키는 단단한 소금 덩어리가 가득하다. 전체적인 분위기가 탄광을 연상시키는 소금 광산은 현재 일부만 관광객에게 공개되고 있다.

소금 광산 입구에는 석기와 철기 문화에 관한 자료가 전시된 향토박물관이 있다. 국립 빈 미술사박물관이나 자연사박물관, 빈 남부 고도 그란츠에 자리한 그란츠 박물관에 비할 수는 없지만, 유럽 최초로 철기를 사용했던 당시 주민들의 삶을 가늠해 볼 수 있는 다채로운 유물이 전시되어 있다. 환상적인 할슈타트와 소금 광산은 1997년 '할슈타트—다흐슈타인 잘츠카머구트 문화경관 지구'라는 세계문화유산으로 지정되었다. 할슈타트가 단순히 자연 풍경의 아름다움을 넘어 인류의 보편적인 가치를 지닌 문화 공간임을 보여주는 좋은 예다.

할슈타트와 더불어 잘츠카머구트 지역을 대표하는 마을로 볼프강, 어터Atter, 푸슐 마을을 꼽을 수 있다. 저마다 독특한 아름다움과 매력을 간

· 영화 〈사운드 오브 뮤직〉의 무대인 '어터' 호수와 암벽 위에 세워진 낭만적인 성당
: 볼프강 호수에서 낚시를 즐기다 잠시 휴식을 취하고 있는 모습. 〈사운드 오브 뮤직〉에서 여주인공 마
  리아가 결혼식을 올렸던 곳이다

· 〈사운드 오브 뮤직〉의 주 무대이자 독특한 패턴으로 가꾼 헬브룬 궁전의 정원
: 헬브룬 궁전의 분수

직한 세 가을은 영화 〈사운드 오브 뮤직1965년작〉의 무대가 되었던 곳이다. 주인공 마리아줄리 앤드류스 분가 폰 트랩크리스토퍼 플러머 분 대령의 아이들과 성당을 배경으로 노래 부르던 장면을 기억할 것이다. 영화 속 볼프강 마을의 성당과 산록은 지금도 촬영 당시 모습 그대로다.

어터와 푸슐 마을은 명사의 휴식처로 명성이 자자했다. 냉전시대 때 미국 대통령 리처드 닉슨과 소련 공산당 서기장 흐루쇼프는 가족들과 함께 푸슐 마을을 찾았다. 또한 배우 오드리 햅번도 생전에 수시로 어터와 푸슐 가을을 찾았다. 푸슐과 어터 마을에는 화려하고 멋진 휴양지 이외에도 전형적인 농가와 아담한 포도 농원이 즐비하다. 잘츠카머구트에는 소규모 포도 농원이 여러 곳 있다. 프랑스와 독일의 포도 농원 규모에 비할 수는 없지만 대대로 이어져 내려온 전통 와인 생산 방식으로, 마니아들 사이에서는 꽤 알려져 있다.

잘츠부르크와 할슈타트 사이 중간쯤에는 '물의 궁전'이란 뜻의 헬브룬 궁전Schloss Hellbrunn이 있다. 영화 〈사운드 오브 뮤직〉을 통해 잘 알려진 이곳은 왕가의 터전답게 호기심을 자극하는 곳이 많다. 사계절 어느 때 찾아도 낭만적인 분위기와 각종 이벤트를 접할 수 있지만, 헬브룬 궁전의 멋진 분수를 감상할 수 있는 여름과 낙엽 가득한 가을은 더없이 매혹적인 시즌이다.

누가 뭐라 해도 헬브룬 궁전의 최고 자랑거리는 멋진 자태를 뽐내는 분수와 숲속 산책로다. 궁전 안에 조성된 산책로를 따라 거닐다 보면 곳곳에서 조각상과 분수를 만나게 된다. 얼핏 평범해 보이는 조각과 분수는 방문객이 지나갈 때면 어김없이 물세례를 퍼붓는다. 뿐만 아니라 궁

Salzkammergut

전에는 여유로운 시간을 만끽할 수 있는 곳도 즐비하다. 정원과 궁전을 바라보며 일상의 짐을 내려놓을 수 있는 카페, 영화 〈사운드 오브 뮤직〉에서 폰 트랩 대령이 마리아에게 청혼했던 장면과 장녀 리즐이 사랑에 빠졌던 장면의 무대가 된 예쁜 정자까지. 하지만 가을을 만끽하기에는 호젓한 산책로보다 더 낭만적인 곳도 없을 것이다. 발에 사박사박 밟히는 낙엽으로 온통 뒤덮인 곳곳의 산책로는 매혹적인 오스트리아의 가을을 온몸으로 느끼게 해준다.

아직은 조금 생소한 잘츠카머구트, 사람들은 이 고장을 이야기할 때면 거울 같은 호수와 웅장한 산, 그림 같은 마을을 연상한다. 하지만 이곳은 세계인의 사랑을 받는 관광지만이 아니다. 잘츠카머구트는 오스트리아를 대표하는 문명의 발상지이자 경제적인 풍요를 바탕으로 독특한 문화를 일궈냈던 위대한 고장이다.

모래 위에 세워진 비밀스러운 거상의 도시
요르단 ···▶ 페트라

　　　　　　지구촌 네티즌들이 새롭게 선정한 신新세계 7대 불가
사의, 페트라Petra. 지중해와 인도, 남부 아라비아를 오가던 거상들의 거
점 무역 도시로 잘 알려진 페트라는 자타가 인정하는 중동 지역 최고 명
소다. 상인들의 입에서 입으로 전해져오던 유적지는 2000년 가까이 세
인의 관심 밖에 밀려나 있다가 19세기 초반에야 비로소 그 신비로운 베
일을 벗었다.

　고대 민족 에돔Edom의 땅, 페트라는 고대 중동을 대표하는 상업 도
시였다가 돌연 역사 속으로 사라져버렸다. 그리고 2000년이 지난 1812
년, 스위스 탐험가이자 학자인 요한 루트비히 부르크하르트Johann Ludwig

Burckhart가 우연히 발견했다. 거상들이 사랑했던 고대 도시 페트라는 역사의 베일에 가려진 나바테아족Nabataeans의 터전이었다. 어느 그리스 상인이 저술한 『엘리트레아 해 항해 안내서』에 따르면, 나바테아족 상인들은 인도에서 생필품과 기호 식품을 수입해 그리스와 로마를 비롯해 페르시아, 메소포타미아 지역에 판매했다고 한다. 페트라 상인들이 취급했던 품목은 향신료, 후추, 생강, 비단으로, 카라반낙타 대상을 이용해 상거래를 했다.

높이가 수십 미터에 이르는 암벽 사이에 조성된 통행로를 따라 이동하다 보면 암벽을 깎아 만든 거대한 건축물이 눈에 들어온다. 바로 페트라의 상징, 카즈네피라움Khazneh Fir'awn이다. 핑크빛 바위를 깎아 만든 카즈네피라움은 '파라오의 보물 창고'라는 뜻에 걸맞게 웅장하고 화려하다. 카즈네피라움은 일종의 무덤이자 장례 의식을 거행했던 사원이다. 하지만 섬세하고 아름다운 조각으로 장식된 웅장한 건물을 보면 장례식장이나 무덤보다는 궁전을 먼저 떠올리게 된다.

높이 40미터, 폭 28미터에 달하는 카즈네피라움은 그 규모로는 이집트의 피라미드와 중국의 웅대한 왕릉에 비할 수 없지만, 바위 벽면에 새겨진 조각과 조형물은 어느 나라의 위엄 있는 무덤보다 빼어나다. 어느때 봐도 멋지고 아름답지만, 아침햇살에 드러난 풍광은 그 자체로 절경이다. 페트라를 찾은 방문객들이 카즈네피라움을 보고 놀라는 까닭은 규모도 규모지만, 고대 어느 왕국의 유적지에서도 볼 수 없었던 거대한 바위를 깎아 만든 건축물이란 점 때문이다. 겉으로 드러난 카즈네피라움 유적지는 2단으로 되어 있지만 내부는 하나의 공간으로 트여 있다.

· 영롱하고 신비한 페트라 최고의 비경, 카즈네피라움 유적지를 둘러보는 방문객들
: 자연의 경이로움을 보여주는 페트라 유적지로 이어지는 통로

정면 아래쪽은 6개의 주량柱梁이 받치고 있고, 위쪽은 각기 2개씩 짝을 이룬 3가의 주량으로 받쳐져 있다. 그리고 지붕에 해당하는 꼭대기에는 항아리와 흡사한 원추형 지붕과 둥근 장식으로 꾸며져 있는 것이 영락없는 궁전의 형상이다.

감탄사 말고는 어떤 표현도 어울리지 않는 카즈네피라움 유적지는 나바테아의 왕, 아레타스 3세가 통치하던 기원전 84년에서 기원전 56년 사이에 건설되었다. 카즈네피라움의 특징은 시대를 초월한 건축 양식이 완벽하게 조화를 이룬다는 점이다. 입구에 장식된 기둥과 조각은 그리스와 로마 양식에 가깝고, 내부는 고대 이집트와 페르시아 양식과 흡사하다. 한 유적지에 이토록 다양한 건축 양식이 접목될 수 있었던 것은 페트라가 무역 도시였던 사실과 무관하지 않다. 페트라 유적지에 조성된 건축 양식을 지칭해 나바테아 양식이라고 부른다. 페트라에서만 접할 수 있는 나바테아 양식은 카즈네피라움을 중심으로 주변에 흩어져 있는데, 그 규모가 어느 정도인지 아직까지 정확히 밝혀진 바가 없다.

카즈네피라움 유적지에서 500미터 떨어진 지점에는 고대 로마인이 건설한 커다란 반원형 극장이 있다. 7000~8500명을 수용할 수 있는 대형 극장으로, 요르단 지역에 건설된 로마 극장 중 최대 규모다. 놀라운 것은 벽돌이나 돌을 쌓아 올린 것이 아니라 사암을 깎아 완성한 극장이란 점이다.

고대 로마인의 뛰어난 토목건축술을 확인할 수 있는 극장 유적지에서 서쪽으로 1킬로미터 지점에는 나지막한 쿠브라Khubtha 산이 있다. 쿠브라 유적지는 카즈네피라움, 로마 극장과는 좀 다르다. 길게 늘어선 열주

Petra

· 로마 시대 때 바위를 깎아 만든 반원형 극장

두샤라 신을 모신 페트라 최대 유적지

유적지와 완성도가 뛰어난 건축물이 한눈에도 고대 로마 시대의 전형적인 건축물임을 알 수 있다. 쿠브라 산기슭 동쪽에서 서쪽으로 이어진 열주 유적은 1세기 말에서 2세기 초에 걸쳐 만든 것으로, 지금은 남아 있는 기둥이 10개뿐이지만, 기둥의 흔적을 헤아려보면 그 개수가 족히 수십 개는 됨 직한 웅장한 유적지였음을 가늠할 수 있다.

열주 유적지 위쪽에는 로마 시대의 것임을 알 수 있는, 바실리카고대 로마인들의 공공건물이나 교회를 가리키는 말 유적과 페트라 왕국의 주신 '두샤라Dushara'을 모셨던 카스르빈트피라움Khasrbint Fir'awn 신전 유적이 있다. 아랍계 유목민이 주류를 이루었던 나바테아족은 처음에는 커다란 돌덩어리에 불과한 두샤라 신을 숭배했다. 이후 그리스, 로마 문화가 들어오면서 돌덩어리를 조각상으로 대체한 것으로 추정할 뿐, 카스르빈트피라움은 아직까지 의문으로 가득한 유적지로 남아 있다.

거친 사막을 주 무대로 활동하며 동서양 무역을 잇는 거상으로 변모했던 나바테아인의 후예답게 페트라 지역 거주민들은 지금도 상업과 관광업에 활발하게 종사하고 있다. 주민들 가운데 일부는 들판에서 양떼를 방목하는 일로 생계를 유지하지만, 다수는 관광객을 상대로 토산품을 판매하거나 안내자로 활동한다. 이곳 가게에서는 여느 관광지와 마찬가지로 토산품과 간단한 기념품을 판매한다. 한 가지 다른 점은 고대 상인들이 사용했던 동전과 자그마한 골동품을 취급하는 곳이 제법 많다는 것이다. 이런 동전이나 기념품은 대부분 그리스, 로마와 비잔틴 시대 때 쓰이던 것들이다.

그리고 주민들 중에는 자동차를 타고 다니는 이도 있지만, 대개는 아

· 페트라 유적지에서 옛날 동전과 골동품
  을 파는 상인
: 관광객에게 안내를 해주는 가이드 소년
:: 낙타 투어로 생계를 유지하는 원주민들

직까지 낙타와 당나귀를 교통수단으로 이용한다. 이곳 주민들에게 낙타와 당나귀는 단순한 교통수단만이 아니라 귀한 생계 수단이기도 하다. 낙타와 당나귀를 이용해 농사를 짓기도 하지만, 대부분은 관광객 대상의 관광 투어로 수익을 얻고 있다.

페트라는 아직도 풀지 못한 비밀의 유적지다. 아마도 그 비밀은 유적지 발굴 작업이 모두 끝난 뒤에도 영원히 풀리지 않는 신비로 남아 있지 않을까.

불가리아 ⋯▶ 릴라

첩첩산중에 숨어 있는 수도원, 고요한 큰길에 드문드문 서 있는 농가, 어쩌다 마주치는 주민들. 불가리아의 릴라Rila 마을은 마음속에 그리던 중세의 풍경을 그대로 간직하고 있다. 소박한 주민들을 닮은 릴라 마을에는 중세인의 신앙심을 대변했던 거대한 수도원이 있다. 릴라 수도원, 그곳 뜰 안에 서면 역경의 삶을 극복하고 천년을 이어 눈부신 유산을 일궈낸 중세인들의 마음을 읽을 수 있다.

'발칸 반도의 진주'라 불리는 불가리아 수도, 소피아Sofia에서 릴라 수도원Rila Monastery이 자리한 릴라 마을로 향하는 길은 시간을 거슬러 오르는 여행인 듯, 고즈넉하기만 하다. 알 수 없는 수십 개의 이정표를 지

Rila

나서야 마주한 릴라는 작은 산촌 마을이지만 더없이 영롱하다. 소박한 집과 카페에서 차를 마시며 담소를 나누는 사람들도 간혹 눈에 띈다.

릴라 마을의 최고 명소는 산중에 자리한 릴라 수도원이다. 울창한 숲으로 둘러싸인 수도원으로 향하는 좁은 길은 너무도 고요해 긴장감마저 감돈다. 좁은 길이 끝나는 지점에 터를 잡은 수도원은 요새를 연상시킨다. 사방 어디를 둘러보아도 하늘을 향해 우뚝 솟은 높은 벽과 수도원을 에워싼 험준한 산이 영락없는 요새다.

시간이 이른 탓일까. 굳게 닫힌 거대한 문틈으로 보이는 신비로운 수도원은 적막감에 싸여 있었다. 시간이 꽤 지나서야 힘에 겨운 듯 천천히 문을 열고 모습을 드러낸 나이 많은 관리인은 그 모습이 유구한 역사를 간직한 수도원과 닮았다. 웅장한 건축물과 대자연의 만남. 신앙심 깊은 예술가와 장인의 숨결이 느껴지는 섬세한 프레스코 벽화와 눈부시게 빛나는 돌들이 깔려 있는 뜰과 휴식 공간 등 눈에 보이는 모든 것이 신비롭다.

천년 역사를 간직한 릴라 수도원은 지나온 시간만큼이나 이야깃거리가 풍부하다. 360개에 이르는 수도 공간을 비롯해 중앙에 위치한 웅장한 예배당과 탑, 박물관 등 곳곳마다 볼거리로 넘쳐난다. 시선과 발걸음을 유혹하는 다양한 자랑거리 중 으뜸은 예배당과 그 내부를 장식한 프레스코 벽화다. 돔 양식의 예배당은 14세기 때 처음 모습을 드러냈다. 그러나 안타깝게도 1833년의 대화재로 대부분 소실되었다. 그 이듬해, 예배당이 사라진 것을 무척 안타까워하던 네오피트 릴스키Neofit Rilski라는 수도사에 의해 복원 작업이 시작되었다. 수도원 복원 소식이 알려지

· 산적과 적군의 침략에 대비해 이중으로 건설한 릴라 수도원 본당

· 불가리아의 종교와 문화뿐 아니라 정치와 독립에도 큰 힘을 미쳤던 릴라 수도원
: 예수님에 관한 이야기를 그려낸 릴라 수도원의 천장화
:: 저마다 다른 장식과 그림으로 꾸며진 수도사들의 방 입구   :: 릴라 수도원의 좁고 가파른 계단

자 불가리아 각지에서 수많은 건축가와 예술가가 몰려들었다. 놀라운 점은 이들 건축가와 예술가, 일꾼 모두가 아무런 대가 없이 수도원 재건에 자발적으로 참여했다는 사실이다. 이들은 어떤 이익이나 명예도 바라지 않고 저마다 역량을 총동원해 예배당 복원 작업에 심혈을 기울였고, 그 결과 릴라 수도원은 불가리아 최고의 건축물로 다시 태어났다.

예배당 내부는 성서의 이야기를 그려낸 프레스코 벽화로 가득하다. 거대한 천장화와 예배당 중앙 제단의 〈성인의 눈〉를 비롯해 10미터가 넘는 벽화까지 그 수를 헤아릴 수조차 없을 정도다. 예배당 벽화를 그린 화가 중에는 자하리 조그라프Zahari Zograf 형제와 같은 당대 최고의 종교 화가도 있었지만 대개는 무명 예술가가 주류를 이루었다. 하루 벌어 하루 먹고살았던 가난한 무명 예술가조차 몇 년씩 아무런 조건 없이 열악한 환경 속에서 봉사했던 것. 이런 사실 하나만으로도 릴라 수도원이 불가리아 국민에게 어떤 의미였는지 느낄 수 있다.

예배당과 나란히 서 있는 수도원 탑은 수도원이 처음 지어질 때 함께 만들어진 유일한 건축물로, 지금도 원형 그대로 방문객을 맞이한다. 수도원 탑의 좁고 가파른 계단을 조금 올라가면 사방이 한눈에 들어오는 아담한 발코니가 있다. 발코니에서 바라본 수도원의 모습은 입구에서 보았던 것과는 확연히 달라서, 릴라 산맥 깊숙이 몸을 숨긴 작고 아늑한 집 같다.

사방으로 탁 트인 발코니를 뒤로하고 계단을 몇 칸쯤 오르자 커다란 자물쇠가 발걸음을 막았다. 하는 수 없이 발길을 돌려 이곳저곳을 기웃거리다 탑 입구에 있는 기념품 가게로 향했다. 지극히 평범한, 마리아라는 이름의 중년 부인이 이방인에게 관심을 보이며 반갑게 인사를 건넨다. 릴라 수도원에서 단 하나뿐인 가게를 운영하고 있는 부인은 지구를 반 바퀴 돌아왔다는 내 말에 관심을 보이며 묻지도 숨은 이야기를 늘어놓는다. 처음 수도원이 생기게 된 이유부터 화재와 복원, 벽화에 이르기까지. 숨 쉴 틈 없이 이야기를 쏟아내는 가게 주인의 모습에서 릴라 수도원에 대한 불가리아 사람들의 자긍심을 다시금 확인할 수 있었다.

예배당과 탑이 겉으로 드러난 유산이라면, 수도원 모퉁이에 자리한 360개의 작은 방들은 오직 신에게 다가서려는 수도사의 정신을 엿볼 수 있는 공간이다. 이곳은 외부인 출입은 물론이고 수도원에서 함께 생활하는 같은 수도사들조차 출입할 수 없을 정도로 철저히 단절된 공간이다. 내가 찾아간 그 시간에도 많은 수도사가 문을 굳게 걸어 잠그고 수도에만 매진하고 있었다. 얼마 전까지만 해도 수도원에 일단 발을 들여놓은 수도사는 평생 수도원에 남아 수도를 하거나 성경을 번역하다가 생을 마감했지만, 시대가 많이 변한 요즘은 수도사들이 손수 만든 목각 제품을 방문객에게 판매하거나 방문객들과 이야기를 나누며 수도원 주변을 산책하기도 한다.

수도원 재건에 힘을 보태고 수도사들을 위해 봉사하던 주민들이 거주했던 릴라 마을은 평범한 산촌이다. 독실한 신앙심을 바탕으로 살아가는 주민들과 평생을 수도에 매진하는 수도사들이 머무는 릴라 마을. 수도원의 가게 주인아주머니는 이렇게 말했다. 산골의 작은 마을, 릴라는 불가리아 국민에겐 신앙의 모태이자 삶의 원천이라고.

말과 마차를 이용하여 경작하는 농부가 여유롭게 이동하는 모습

우즈베키스탄 ···▶ 이찬칼라

동녘에 여명이 희붐하게 떠오를 무렵 카라쿰의 오아시스, 이찬칼라Itchan Kala를 만나기 위해 숙소를 나섰다. 이번 이찬칼라 여행에는 안내자 겸 운전자로 현지인 하미드가 동행했다. 타슈켄트Tashkent를 빠져나와 비포장도로를 얼마쯤 달리고 나서야 차창 너머로 펼쳐진 들판이 시야에 들어왔다. 덜컹거리는 구형 자동차에서 맞이하는 중앙아시아의 아침은 동해에서 맞는 일출의 아름다움에는 못 미치지만, 여행자의 고유한 권리인 자유를 만끽하기에는 부족함이 없었다. 쉴 겸 배를 채울 겸 몇 차례 멈춰 서기를 반복하며 꼬박 열여섯 시간을 달려서야 우리는 카라쿰Garagum 사막에 핀 문화의 꽃, 이찬칼라와 대면할 수 있었다.

파미르 고원에서 발원하는 아무다리야Amu Darya 강 왼쪽 기슭에 있는 이찬칼라의 공식 지명은 히바Khiva다. 약 2만 명이 거주하는 히바는 이중 성벽으로 둘러싸여 있고, 외성인 디샨칼라Dishan Qala와 내성인 이찬칼라로 나뉜다. 히바 전체 거주민의 10퍼센트에도 못 미치는 수의 주민이 거주하는 이찬칼라가 히바라는 공식 지명까지 대신하게 된 것은 역사적인 유적지가 이찬칼라 지역에 모여 있기 때문이다. 이찬칼라는 일찍이 고대 페르시아 시대부터 카라쿰 사막의 교역 중심지로 크게 번영했다. 이후 오랜 세월 역사의 뒤안에 묻혀 있던 이찬칼라가 다시 역사의 무대에 등장한 것은 히바칸국Khiva Khanate, 우즈베키족이 세운 3한국의 하나의 수도로 지정된 16세기부터다.

이찬칼라는 높이 10미터, 두께 6미터, 둘레 2.4킬로미터에 이르는 성벽으로 둘러싸인 마을이다. 이찬칼라의 역사는 고난 그 자체였다. 기원전 6세기 페르시아의 지배를 시작으로 기원전 4세기에는 마케도니아 왕 알렉산드로스의 지배를 받고, 서기 2세기에는 크샤니Ksans 왕조에 이어 712년에는 이슬람을 숭배하는 아랍의 지배를 받았으며, 13∼14세기에는 칭기즈칸과 티무르 왕조의 지배까지 받았다. 이찬칼라의 역사는 어쩌면 타민족을 위한 것이라 해도 틀리지 않을 것이다. 하지만 오늘날 카라쿰의 꽃, 이찬칼라를 피워낸 것이 바로 선조들의 땀과 피가 서린 고난의 역사다.

이찬칼라에는 모스크이슬람 사원 20곳, 메드레세Medrese,이슬람 신학교 20곳, 미나레트Minaret, 기도 시간을 알려주는 첨탑 6개가 있다. 그리고 23곳에 달하는 박물관을 비롯해 칸중앙아시아 제국 통치자의 존칭의 집무실인 쿠냐 아

Itchan Kala

르크 궁전Kunya Ark , 바자르bazzar, 상점가 또는 시장 등 볼거리가 지천에 널려 있다. 이찬칼라의 상징은 쿠냐 아르크 궁전이다. 칸이 224년 동안 집무실과 생활공간으로 사용했던 쿠냐 아르크는 외국 고위 사절을 맞이하거나 국가적인 주요 행사를 거행했던 알현실을 중심으로 하렘 등으로 구성되어 있다. 규모와 화려함 면에서는 베르사유 궁전과 자금성에 비할 수 없지만 아랍의 지도자들이 얼마나 조화를 중시했는지 잘 보여주는 공간이다.

쿠냐 아르크에서 큰길을 따라 동쪽으로 이동하면 주마 모스크Djuma Mosque가 나온다. 범접하기 힘든 기운을 자아내는 차분한 갈색 문의 주마 모스크는 10세기에 건설되었다. 가이드 하미드가 들려준 이야기에 따르면, 213개의 나무 기둥이 떠받치고 있는 주마 모스크에서는 5000명이 예배를 올리며 강론을 들었다고 한다.

또한 이찬칼라에는 6개의 미나레트가 있다. 이찬칼라에서 최고 높이를 자랑하는 훗자 미나레트Hujja Minaret는 높이가 45미터에 달한다. 99개의 좁은 계단을 따라 전망대에 오르면 이찬칼라가 어떤 곳에 세워진 유적지인지 한눈에 알 수 있다. 훗자 미나레트 전망대에서는 인근의 우르겐치Urgench뿐만 아니라 국경 너머 투르크메니스탄Turkmenistan과 카라쿰 사막까지 시야에 들어오는데 그 풍광이 무척 아름답다.

또한 이찬칼라는 박물관 마을이기도 하다. 작은 마을에 박물관이 23곳이나 있는 곳은 아마도 이찬칼라가 유일무이할 것이다. 칸과 왕실 가족의 삶을 엿볼 수 있는 화려한 박물관부터 각종 악기를 전시해놓은 박물관, 지역 생활용품으로 가득한 향토박물관까지 다양한 박물관이 곳곳

· 사막 속의 오아시스를 실감케 하는 인공 물놀이 시설

∶ 쿠냐 아르크 궁전 전망대에서 내려다본 이찬칼라 토성
∶ 푸른색 타일을 붙여 만든 미나레트와 흙벽
∶ '오래된 궁전'이라는 뜻의 쿠냐 아르크 궁전 입구
∷ 아름다운 타일과 벽돌로 지은 이찬칼라의 건물

· 공방에서 카펫을 짜고 있는 여성. 이찬칼라의 많은 여성이 카펫과 생활용품 제작에 종사한다
: 이른 아침 이찬칼라 동쪽 바자르에서 과일을 사고파는 여인들
: 히바의 위대한 철학자, 파흘라반 마흐무드가 잠들어 있는 영묘를 찾아 기도하는 가족들
:: 오직 사람만 통행할 수 있는 이찬칼라 거리의 방문객

Itchan Kala

에 자리 잡고 있다.

이찬칼라에는 유적지와 박물관만 있는 것이 아니다. 고즈넉한 분위기를 간직한 골목에 늘어선 공방과 일반 서민의 삶을 보여주는 바자르도 빼놓을 수 없다. 골목마다 적게는 서너 곳, 많게는 십여 곳에 이르는 공방이 방문객을 맞는다. 이찬칼라 공방에서는 카펫, 도자기, 목공, 인형 등을 제작하는데, 그중 목각 제품과 카펫을 만드는 공방이 유난히 많다. 작은 공방의 경우 아버지와 아들이 함께 제품을 만들기도 하고, 어느 정도 규모를 갖춘 곳에서도 십여 명이 함께 작업하기도 한다.

중세 봉건 도시의 전형을 보여주는 이찬칼라 동쪽에는 화요일부터 일요일까지 전통 아랍 시장인 바자르가 선다. 벌여놓은 가게와 좌판이 줄잡아 1000여 곳이다. 각종 식료품과 생활용품을 비롯해 온갖 물건을 사고파는 시장은 19세기 초반까지만 해도 노예를 사고팔던 중앙아시아 최대의 인간 시장이었다. 작은 마을에 이토록 큰 시장이 형성될 수 있었던 것은 인근 마을 사람들까지 이곳의 바자르로 몰려들기 때문이다.

바자르에서 가장 많이 거래되는 품목은 농산물이다. 살구, 수박, 멜론, 복숭아, 자두, 포도 같은 과일부터 토마토와 오이, 마늘, 양파, 그리고 양고기와 쇠고기, 민물 생선 등 종류도 다양하다. 이토록 다양한 농산물이 거래될 수 있는 것은 연중 300일 이상 구름 한 점 없는 따뜻한 날씨가 이어지고, 도시를 흐르는 수량 풍부한 강이 있기 때문이다.

따사로운 햇살과 넘쳐나는 물만큼이나 물건을 사고파는 이찬칼라 주민들의 모습도 참으로 정겹고 여유롭다. 우리네 1970년대의 오일장처럼 물건을 사고 난 뒤에도 덤을 달라며 과일이며 야채를 장바구니에 챙

겨 담는 아낙이며, 손님의 청을 웃음으로 받아주는 가게 주인의 인심이
푸근하다. 그렇게 이찬칼라 바자르에서는 우리에겐 아득한 추억이 되어
버린 소박한 삶의 현장이 계속 이어지고 있었다.

　웅장한 성벽, 세련된 모스크와 왕궁, 개성 넘치는 박물관이 즐비한
이찬칼라는 마을 전체가 유네스코 세계문화유산으로 등재되어 있다. 하
지만 우리가 그들의 웅장한 유적보다 더 눈여겨봐야 할 것은 오늘날 그
곳에서 살아가는 주민들의 조화로운 삶이다. 소유에 집착하지 않고 가
진 것에 만족하며 이웃을 배려하는 그들의 삶은 그 어떤 보물보다 아름
답다.

Itchan Kala

인도 ⋯▶ 카주라호

흔히 인생을 마라톤에 비유한다. 하지만 여행도 마찬가지다. 적어도 인도의 땅에 발을 디뎌본 이라면 여행 또한 인생 마라톤임을 절감했을 것이다. 하나의 거대한 박물관을 연상시키는 인도. 발길 닿는 곳마다 명소요 유적지인 인도이지만, 그중에서도 카주라호Khajuraho는 사원 곳곳에 새겨진 비밀스러운 조각들로 우리의 관능을 끊임없이 자극한다.

카주라호로 향하는 비행기에서 인도의 풍경을 내려다보고 있자니, 왠지 아마존이나 아프리카 밀림으로 들어가는 기분이었다. 창에 이마를 대고 얼마쯤 푸른 대지를 내려다보았을까. 여승무원의 종종걸음과 분주한 몸짓이 카주라호에 다다랐음을 알려준다. 카주라호 공항은 세련 됨과는 거리가 멀어 보였다. 허름하고 작은 공항을 빠져나오자, 오토릭 샤Auto-Rickshaw, 삼륜차의 짐칸을 좌석으로 만든 2인 승용의 운송 수단로 가족을 부양 하는 운전자들이 앞다투어 손님을 끄는 모습이 눈에 들어온다. 인도에 도착했음을 새삼 절감하는 시간이다.

여러 경쟁자 중에서 내가 선택한 오토릭샤의 운전자는 싱이란 청년 이었다. 학창 시절 듣고 본 자료가 너무 강렬한 인상을 주었던 탓에 인 도에 가면 어김없이 찾아갔던 마을, 카주라호. 싱이 성인지 이름인지 알 수는 없었지만, 청년은 공항에서 숙소까지 가는 내내 잠시도 쉬지 않고 카주라호의 명소를 안내해주었다. 그러나 내게는 싱의 말에 귀를 기울 일 여유가 없었다. 언제나처럼 나의 시선은 큰길을 따라 펼쳐진 풍경을 좇고, 손가락은 셔터 버튼을 쉴 새 없이 눌러대고 있었다.

카주타호에 오기에 앞서 이미 보름 동안 인도를 여행한 탓에 나는 샤 워를 마치고 달콤한 낮잠에 빠져들었다. 태양이 파고다pagoda, 불탑 사이 로 고개를 숙이기 시작할 무렵, 달랑 사진기 하나 챙겨 들고 호텔을 나 섰다. 아니나 다를까. 오토릭샤 운전사 여러 명과 낡은 자전거를 개조해 만든 사이클릭샤를 모는 노인 한 명이 기다리고 있었다. 오토릭샤 운전 자들을 물리치고 사이클릭샤 노인과 흥정을 마치고 혼자 앉기에는 조금 넓은 의자에 몸을 맡겼다. 노인의 이름은 하벨리였다. 노인의 깊게 팬 주 름과 거친 손, 남루한 차림새에 그의 삶이 순탄하지는 않았음을 직감할 수 있었다. 가족의 저녁거리를 확보한 기쁨인지, 자신을 선택해 준 고마 움에 대한 보답인지, 노인의 짙은 주름 사이로 미소가 떠올라 있었다.

사이클릭샤로 마을을 둘러보다가 저녁을 해결할 식당을 찾았다. 이 작은 마을에서도 한글 간판을 내건 식당을 어렵지 않게 찾을 수 있었다. 불과 십 년 전만 해도 접할 수 없었던 한국 식당에서 저녁을 먹고 숙소로 향했다. 이동하는 동안 하벨리 노인은 나의 내일 일정을 족히 십여 차례나 물었다. 나는 그의 끈질긴 노력에 탄복했고, 이튿날의 하루 일정을 그에게 고스란히 맡기기로 했다.

이튿날, 서둘러 아침식사를 마치고 숙소를 나섰다. 7시를 갓 넘은 시각인데, 하벨리 노인은 어느새 호텔 앞에서 진을 치고 기다리고 있었다. 유적지 개방 시간에 맞추기 위해 이곳저곳을 둘러보다가 유적지에 도착했다. 인도인보다 수십 곱절이나 많은 입장료를 지불하고 서쪽 사원에 들렀다.

카주라호에 남아 있는 사원은 모두 25곳뿐이다. 찬델라Chandella 왕조가 번영했던 8~10세기에 건설된 사원이 85곳이라고 한다. 동서 3킬로미터, 남북 4킬로미터에 달하는 공간에 들어섰을 85개 사원의 웅장한 풍광을 그려보았다. 내 머릿속 풍광의 카주라호는 거대한 박물관이었다.

서쪽 유적지는 힌두 신 시바Shiva와 비슈누Visnu 신에게 바쳐진 건축물들이다. 사원마다 흥미로운 역사를 간직하고 있지만, 그중에서도 특히 호기심을 자극하는 곳은 칸다리야마하데바Kandariya Mahadeva, 비스바나타Visvanatha, 락슈마나Rakshmana 사원. 카주라호에서 최대 규모를 자랑하는 성스러운 히말라야 산을 형상화한 칸다리야마하데바 사원은 시바 신에게 바쳐진 상징물이다. 31미터, 10층짜리 빌딩 높이에 해당한다. 현관, 대예배당, 소예배당, 보존실 등으로 이루어진 칸다리야마하데바 사

카주라호 유적지를 찾은 방문객이 휴대폰에 조각상을 담는 모습

· 집 앞에서 관광객을 신기한 듯 바라보는 카주라호의 어린이들
: 사원 유적지를 찾은 카주라호의 아낙들

· 카주라호 유적지의 탑에 오른 인도인 청년
: 카주라호 마을의 음식 행상 청년

Khajuvaho

원은 인도 장인들의 빼어난 손재주를 보여주는 걸작이다.

그중에서도 유난히 호기심과 눈길을 끄는 것은 인간의 본능과 성애를 재현해놓은 에로틱한 조각들이다. 인간 남녀, 인간과 동물의 온갖 사실적인 성행위 장면, 섬세한 곡선으로 표현된 육체의 조각들을 바라보노라면 말을 잃은 채 숨죽이게 된다. 그런데 더욱 놀라운 점은 이 모든 조각이 유명 예술가나 작가의 작품이 아니라, 어느 무명 조각가에 의해 완성된 것이라는 점이다. 자신의 명성을 좇기보다는 독실한 신앙심을 품고 가족의 생계를 어깨에 짊어진 채 묵묵히 조각 작업에 임한 무명의 그들이 있었기에, 이토록 진기하고도 매혹적인 사원이 탄생할 수 있었다. 십여 곳에 달하는 사원을 둘러보는 동안, 나는 카메라 셔터 버튼을 마르고 닳도록 눌러댔다.

에로틱한 유적지를 둘러보고 상점가를 기웃거렸다. 우리말이 능숙한 인도인 청년이 다가와 반갑게 인사를 건넨다. 내 얼굴에 '한국인'이라고 써놓은 것도 아닌데 용케도 잘 알아맞힌다. 아마도 경제에 민감한 인도인의 동물적인 직감일까? 경기도 양주 소재의 가구 공장에서 3년 동안 일을 했다는 그 청년은 카주라호에 여덟 군데나 있는 한국 식당 중 한 곳을 운영하는 주인이었다.

젊은 식당 주인의 손에 끌려 한국 식당에서 허기진 배를 치우고는 사이클릭샤를 타고 올드타운으로 향했다. 옛 왕조의 도읍지라는 사실이 믿기지 않을 만큼 작은 올드타운은 오늘날 인도에서 살아가는 보통 사람들의 삶을 엿볼 수 있는 최적의 장소다. 눈을 뗄 수 없는 에로틱한 조각은 없지만, 어려운 삶을 극복하기 위해 온 가족이 함께 노력하며 살아가는 사람들의 터전이다. 이곳에서, 진정한 행복은 물질이 아닌 정신에 있음을 새삼 깨달았다.

　태양이 떠 있는 동안 유적지와 마을을 둘러보고 숙소로 돌아와 샤워를 마치고 침대에 누웠다. 오전 7시부터 오후 7시까지 열두 시간을 꼬박 나를 위해 달려준 하벨리 노인에게 처음 책정한 300루피에다 100루피를 더 얹어주었다. 그래도 왠지 마음이 편치 않았다. 그 마음 불편함에 대해 많은 것을 생각하게 해준 카주라호의 밤이었다.

스페인 ···▶ 산티야나델마르

피레네 산맥과 대서양이 만나는 스페인 북부 칸타브리아Cantabria 지방의 계곡에는 세상에서 가장 오래된 미술관이 있다. 지도에서도 찾아볼 수 없을 만큼 작은 마을, 산티야나델마르Santillana del Mar가 바로 그곳이다. 인류학자와 일부 스페인 사람들을 제외하면 그 지명조차 생소한 산티야나델마르. 겨우 200여 호가 거주하는 산티야나델마르로 향하는 길은 참으로 멀고도 험했다.

안개 자욱한 새벽길을 얼마나 달렸을까? 안개 사이로 모습을 드러낸 여러 이정표 가운데 '알타미라 박물관Museo de Altamira'이라고 적힌 작은 이정표가 눈에 들어왔다. 비슷한 이정표를 십여 개나 더 지나쳐 마주한 산티야나델마르 마을. 한적한 그 농촌 마을 언덕에는 인류 최초의 박물관, 알타미라 동굴이 모습을 감추고 있었다.

산티야나델마르보다 알타미라 동굴로 더 잘 알려진 마을에 접어들면 가장 먼저 다가오는 것은 세월의 무게가 감지되는 건축물이다. 고즈넉한 분위기가 물씬 풍기는 골목을 따라 들어선 건물들은 스페인의 아픈 역사에서 비롯되었다. 과거에 이슬람 제국의 군대가 스페인을 침공하자 많은 스페인 귀족과 영주는 피란길에 올라 적의 눈에 띄지 않을 피레네 산맥 주변으로 찾아들었는데, 그중 한 곳이 산티야나델마르였다. 처음에는 잠시 몸을 숨기기 위한 피란처로 여겼지만, 피신 기간이 길어지면서 그들은 가족이 기거할 주택을 건설하게 되었다. 현재의 산티야나델마르는 바로 그 시기인 15~16세기에 형성되었다.

중세 산촌의 모습을 간직한 산티야나델마르는 한마디로 자연친화적인 마을이다. 마을에 있는 돌과 나무로 건물들을 지은 것은 말할 것도 없고, 작은 상점에서 판매되는 토산품과 먹을거리까지 모두 자연에서 나고 자란 것들로 만든 것이다.

마을 전체 가구 가운데 절반에 가까운 약 100여 곳이 숙박 시설, 레스토랑, 기념품 가게이고, 나머지는 소를 키우는 축산 농가다. 마을 광장과 골목을 걷다 보면 자주 마주치게 되는 것이 자그마한 규모의 숙박 시설이다. 작은 농촌 마을에 이렇게 많은 숙박 시설이 들어서게 된 것은 마을에서 2킬로미터 떨어진 곳에 있는 알타미라 동굴 때문이다.

알타디라 동굴벽화가 처음 발견되었을 때만 해도 이곳을 찾는 이들의 수는 극히 적었다. 구석기를 대표하는 알타미라 동굴벽화를 감상하기

위해 사람들이 본격적으로 마을을 찾기 시작한 것은 2차 세계대전 이후다. 관광객들이 찾아오기 시작하면서 일반 주택이 하나둘씩 숙박 시설과 음식점으로 바뀌던 것이, 오늘날 이토록 많은 숙박 시설과 음식점이 들어선 마을로 탈바꿈하게 된 것이다.

산티야나델마르 마을에 있는 숙박 시설과 음식점이 다른 곳과 뚜렷이 구별되는 몇 가지 이유가 있다. 그중 하나는 건물을 새롭게 지어 올린 것이 아니라 대부분 15~16세기의 중세 건축물을 그대로 활용했다는 점이다. 옛것의 활용이 마을의 옛 모습을 그대로 보존하는 데 결정적으로 기여했고, 관광객들은 이웃 도시의 현대적이고 세련된 호텔을 마다하고, 이곳의 중세 분위기 물씬 풍기는 숙박 시설로 찾아들었다. 산티야나델마르 주민의 주식인 육류와 야채도 오래전부터 내려오던 전통 방법대로 사육하고 재배하고 있다.

산티야나델마르의 농가는 얼핏 보면 작은 골동품 전시장을 연상케 한다. 그 이유는 다름 아니라 이곳 농장이나 농가에서 사용하던 농기구와 생활용품으로 주변 환경을 가꿔놓았기 때문이다. 어느 정도 규모가 있는 농가에서는 옛날에 쓰던 농기계와 농기구를 화분이나 광고 간판으로 활용하고 있다. 그보다 작은 농가의 경우, 생활용품으로 주위 곳곳을 장식해놓았다. 그래서 느긋한 걸음으로 마을을 둘러보다 보면 오래전에 만들어놓은 생활사 박물관을 보는 듯하다.

마을이 훤히 내려다보이는 언덕 위에는 알타미라 박물관이 세워져 있다. 알타미라 동굴은 1868년, 이곳으로 여행 온 변호사이자 고미술품 수집가였던 마르셀리노 산스 데 사우투올라Marcelino Sanz de Sautuola가 발견

· 산티야나델마르 언덕 위에 자리한 알타미라 박물관
: 알타미라 동굴 유적지를 찾은 방문객들

: 알타미라 박물관에
  전시된 자료들

· 약 만 6500년 전에 그려진 것으로 추정되는 알타미라 동굴벽화
: 알타미라 동굴벽화를 그리는 데 쓰였던 것으로 추정되는 도구

했다. 행방불명된 사냥개를 찾다가 우연히 발견한 것인데, 처음 동굴을 발견할 당시에는 동굴 안에 벽화가 있다는 사실을 알지 못했다. 그 뒤로 몇 차례 더 그곳을 찾아갔고 1879년, 함께 데려간 그의 어린 딸 마리아의 예리한 관찰력 덕분에 세상에 모습을 드러내게 되었다. 두 부녀가 마주친 벽화는 들소, 말, 노루, 사슴, 이리 같은 동물 그림이었다.

알타미라 동굴이 발견된 사실이 세상에 알려졌지만, 20세기 초반까지만 해도 교통이 불편한 이곳까지 찾아오는 방문객은 극히 적었다. 고고학이나 동굴벽화에 지대한 관심이 있는 일부 학자와 예술가만 찾던 이곳에 일반 관광객들이 몰려들기 시작한 것은 20세기 중반 이후다. 수많은 관광객 때문에 동굴벽화가 훼손되자 1977년 스페인 정부는 일반인의 출입을 전면 금지했다. 지금은 사전 출입이 허락된 학자와 연구가, 그리고 일부 방문객에게만 출입을 허용하고 있다. 그렇다고 실망할 필요는 없다. 방문 6개월 전에 예약하면 오리지널 벽화를 감상할 수 있다. 일찌감치 예약하지 못한 관람객은 알타미라 박물관의 동굴벽화 진본과 똑같은 몇 점의 벽화와 발굴 당시 발견된 유물, 벽화를 그리는 데 사용했던 도구 등을 전시해놓은 박물관을 관람하는 것으로 만족해야 한다.

중세와 현대 스페인 문화를 선도했던 산탄데르Santader 와 빌바오Bilbao에 비하면, 산티야나델마르는 알타미라 동굴을 제외하고는 자랑거리가 없는 작은 농촌이다. 하지만 많은 스페인 사람이 이 작은 마을을 사랑한다. 그들의 사랑에는 물론 세계문화유산인 알타미라 동굴도 한몫을 하겠지만, 그들이 무엇보다 사랑하는 것은 마을 어디서나 그들을 아늑하게 품어주는 옛 마을의 풍취다.

이집트 ···▶ 멤피스

지구촌에는 경이로운 역사를 간직한 마을이 참 많다. 그중 한 곳이 이집트 카이로 남쪽 나일 강변 서안에 자리한 고대 도시 멤피스Memphis다. 지금은 한낱 작은 마을로 남아 있지만, 멤피스는 5100년이 넘는 역사를 간직한 고장이다. 기원전 3100년경 이집트 최초 통일 왕국의 수도였던 멤피스. 야자나무 숲으로 둘러싸인 작은 마을, 멤피스에서 접하는 모든 것은 인류의 역사요 소중한 유산이다.

문명의 샘, 나일 강과 호스니 무바라크Hosni Mubarak의 30년 철권통치를 종식시킨 시민혁명의 성지, 타흐리르Tahrir 광장이 내려다보이는 숙소에서 멤피스로 향하는 길의 풍경은 유구한 이집트 역사만큼이나 변화무쌍했다. 나일 강변을 따라 늘어선 빌딩과 호화로운 호텔, 고급 레스토랑을 지나면, 큰길을 응시하는 흙먼지를 뒤집어쓴 상점가가 나오고, 좀 더 달리면 물품 보관 창고인지 주택인지 구분하기 어려운 허름한 건물과 폐허와 다름없는 작은 집들이 시야에 잡히다가 어느새 드문드문 유적지가 눈에 들어온다.

나일 강을 따라 늘어선 대추야자나무와 허름하기 짝이 없는 주택이 흩어져 있는 멤피스는 사막 속 오아시스였다. 겉보기에 멤피스는 척박하기 그지없는 시골 마을 같다. 나일 강과 이어지는 샛강이 마을을 가로질러 흐르는데, 5000년 전에는 지중해와 나일 강을 잇는 대표적인 항구였다. 하지만 이제 멤피스 마을은 한때 세계 최고 왕국의 수도였다는 사실에 의구심을 품게 될 정도로 작은 마을로 바뀌어 있다. 200여 가구에 달하는 집들 역시 하나같이 작고 평범하다. 평범하다 못해 너무 초라해서, 세상에 영원한 것은 없다는 진리를 새삼 깨닫게 된다.

멤피스는 상하 이집트로 분류되었던 기원전 3100년경, 이집트를 통일하고 제1왕조를 창시한 메네스Menes가 이곳을 수도로 정하면서 크게 번성했다. '멤피스'라는 지명은 훗날 그리스인들이 붙인 것으로, 원래 지명은 '피라미드의 아름다움은 의연하다'라는 의미의 '멤 노펠 메리'였다. 이는 이집트어로 '피라미드의 주인, 파라오의 고향'이라는 뜻이기도 하다.

이집트 최초 통일 왕국의 수도였던 멤피스를 상징하는 명소는 멤피스 박물관이다. 규모도 작고 보존된 유물의 수도 적지만, 멤피스 박물관에는 인류사와 고고학적으로 무척 중요한 두 점의 유물이 있다. 하나는 누운 채로 전시된 길이 15미터의 람세스 2세 거상이고, 다른 하나는 높이

· 이집트 고왕국 시대의 수도인 멤피스에 남아 있는 석고로 만든 스핑크스

· 프타 신전 터에 남아 있는 고대 이집트인의 상형문자가 새겨진 유물

가 10미터에 달하는 스핑크스 상이다. 이집트 유적지에 가장 많이 등장하는 람세스 2세의 조각상은 룩소르Luxor와 아부심벨Abu Simbel 유적지에 남아 있는 것보다 크기도 작고 세련미도 다소 떨어지지만, 이집트에 남아 있는 람세스 2세 조각상의 초기 작품으로 가치를 인정받고 있다. 특히 몸통과 발바닥 등에 새겨진 다양한 문양과 상형문자는 고대 이집트를 연구하는 데 중요한 사료로 평가받고 있다.

람세스 2세의 거상이 누워 있는 건물을 빠져나오면 아담한 야외 박물관이 기다리고 있다. 야외 박물관 중앙에는 스핑크스 조각상이 서 있다. 인근의 기자Giza 유적지에 남아 있는 스핑크스의 모델로 더 잘 알려진 멤피스의 스핑크스 상은 돌이 아니라 입자가 고운 설화석고를 이용해 완성한 것으로, 현존하는 스핑크스 조각상 중 가장 뛰어난 작품이다. 한편 멤피스 박물관에는 옛 왕궁 터를 비롯해 프타 신전과 각종 유물이 흩어져 있어 관람객의 발길을 분주하게 만든다.

멤피스 외곽에는 오래된 무덤 유적지가 남아 있다. 그 대표적인 장소가 인근의 사카라Saqqara다. 이집트를 통치하던 멤피스의 파라오들이 처음부터 자신의 영원한 삶을 위해 피라미드를 건설한 것은 아니다. 제1왕조와 제2왕조 시절, 이집트의 권력자들은 직사각형으로 만든 '마스타바Mastaba'라는 무덤에 안장되었다. 햇볕에 말린 흙벽돌로 만든 마스타바에는 일반인의 무덤과 달리 집과 흡사한 구조와 기능이 있었다. 마스타바에는 시신을 누이는 공간과 더불어 고인이 평소에 쓰던 애장품을 보관하는 공간이 있고, 입구와 벽면에 조각과 그림을 새겨놓았다.

사카라 사막에는 초기 절대 권력자의 무덤인 마스타바 이외에도 인류

· 붕괴 위험에 처한 1단 부분의 보강 공사가 진행되고 있는 조세르 왕의 피라미드
  와 주변 유적
: 멤피스 박물관에 보존되어 있는 람세스 2세 거상

가 보유한 희귀하고 소중한 문화유산 중 하나인 피라미드가 남아 있다. 의문의 유적지 피라미드, 그 출발점이 바로 사라카 사막이다. 사카라 사막에는 크기와 모양이 다른 15기의 피라미드가 흩어져 있다. 그중 대표적인 것이, 제3왕조의 2대 왕이었던 조세르Zoser, 재위 기원전 2668~기원전 2649년가 묻혀 있는 피리미드다. 이집트 전역에 세워진 피라미드의 시초인 조세르 왕의 피라미드는 멤피스 외곽 사카라 사막에 우뚝 서 있다. 높이가 62미터에 달하고, 특이하게 6단으로 구성된 모양이 계단을 닮았다고 해서 학자들은 '계단식 피라미드'라고 부른다. 피라미드의 맨 아래 부분인 1단에 조세르 왕의 시신이 안치되어 있고, 그 위로 크기가 제각기 다른 다섯 개의 단을 올려놓은 형태다.

조세르 왕의 계단식 피라미드의 건축은 당시 왕의 재상이자 주치의이며 건축가였던 임호테프Imhotep가 담당했다. 토질이 약한 모래사막에 최초로 석재를 이용해 계단식 피라미드를 건설하게 된 임호테프는 여러 차례의 시행착오 끝에 계단식 피라미드를 완성할 수 있었다고 전해진다.

계단식 피라미드 유적지 이외에도 그 주변에는 통치권자의 제사 의식을 거행하던 여러 곳의 장제전 건축물과 고왕국 시대 권력자의 유물을 보관해놓은 자그마한 박물관이 있다.

이집트 수도 카이로의 외곽 사막에 자리한 최초의 통일 수도 멤피스. 지금은 세인의 각별한 관심을 끌지 못하는 평범한 마을이지만, 한적한 마을을 걷다 보면 5000년 전 금빛 파라오들의 화려한 통치기로 거슬러 오른 듯한 느낌에 빠져들게 된다.

체코 ⋯▶ 체스키크룸로프

유럽을 떠돌아다니는 집시들의 본고장 보헤미아. 그 중심에는 전쟁의 포화를 피해 천년 가까이 중세 문화의 향기를 유지해 온 마을, 체스키크룸로프Cesky Krumlov가 있다. 동유럽 최고의 비경을 자랑하는 체코. 매력적인 체코의 미를 대표하는 작은 마을, 체스키크룸로프를 오늘도 변함없이 블타바Vltava 강이 마치 활처럼 휘감아 흐른다. 굽이치는 블타바 강 물결을 따라 체스키크룸로프의 옛 이야기에 귀 기울여보자.

프라하 공항에서 대여한 렌터카에 몸을 의지하고 얼마쯤 달리자 코끝을 자극하는 상큼하고 신선한 공기가 숲의 고장에 이르렀음을 알린다.

Cesky Krumlov

'검은 숲'으로 유명한 독일 슈바르츠발트Schwarzwald와 더불어 유럽 최대의 숲으로 알려진 보헤미아 숲을 친구 삼아 서너 시간 남짓 더 달려 체스키크룸로프에 도착해보니, 손목시계의 시간을 중세로 돌려놓은 듯한 느낌이 감돈다.

나무 울타리에 낀 이끼, 하늘 높은 줄 모르고 우뚝 솟아 있는 교회 첨탑, 둥근 자갈이 깔린 고즈넉한 골목길, 고딕과 르네상스 양식의 낡은 건축물이 앙상블을 연출하는 체스키크룸로프.

표현주의 화가가 그려낸 완벽한 한 폭의 그림과도 같은 체스키크룸로프 마을 한가운데에는 고딕 양식의 성城 하나가 우뚝 솟아 있다. 바로 체스키크룸로프 성이다. 이 성은 13세기 중엽 보헤미아의 대표적인 부호였던 비테크Vitek 가家에 의해 축성되었다. 그 뒤를 이어 남부 보헤미아의 새로운 집권자로 등장한 로젬베르크Rozemberg 가문에서 세력을 과시하기 위해 르네상스 양식으로 증축했다. 수세기 동안 남부 보헤미아를 대표했던 로젬베르크 가문이 쇠퇴하자 새로 영주로 등장한 슈바르첸베르크Schwarzenberg 가문이 다시 증축하기에 이르렀다. 바로 이 시기에 체스키크룸로프 성은 바로크와 로코코 양식의 부속 건물과 아담한 정원, 실내를 장식한 아름다운 벽화와 조각품 등을 갖춘 오늘날의 외관으로 태어났다.

영주가 살던 궁전을 중심으로 지붕 있는 탑과 회랑, 화폐를 만들었던 조폐소, 곰을 사육했던 해자, 주요 행사가 열리던 넓은 무도회장, 그리고 예배당이 자리 잡고 있다. 저마다 고유한 공간으로 이루어진 고성답게 시선 닿는 곳마다 독특하고 흥미로운 볼거리가 넘쳐난다. '여름 궁전'

궁전 벽 전체를 장식하고 있는 거대한 벽화

이라 불리는 건물과 십여 곳에 이르는 정원, 극장이 영주 가족의 생활공
간이었다. 개성 넘치는 여러 공간 중 가장 화려한 곳은 '가면의 방'이다.
무도회장으로도 이용되었던 가면의 방은 가면과 관련된 그림으로 온통
가득 차 있다. 가면의 방 맞은편 미술관에는 수많은 미술작품이 소장되
어 있다. 그곳에 들어서면 20세기 천재 화가 에곤 쉴레Egon Schiele의 진품
을 비롯해 보헤미아에서 활동했던 화가들의 작품이 시선을 빼앗는다.

사방에 그려진 벽화는 체스키크룸로프 성의 또다른 자랑거리다. 궁
전과 예배당은 물론이고 동물들을 사육했던 사소한 건축물에도 독특한
벽화가 그려져 있다. 벽화들은 성이 슈바르첸베르크 가문의 소유였던
17~18세기에 그려졌고, 300년이 지난 지금까지도 그 모습 그대로 보
존되어 있다.

체스키크룸로프 마을의 진정한 매력을 보여주는 것은 라트란Latran 거
리다. 소박한 나무다리가 마을을 휘감아 흐르는 블타바 강독일어로는 '몰다
우 강'이라 부른다과 옛 시장을 연결하고, 크고 작은 건물이 들어선 라트란
지구에서는 고딕과 르네상스 양식이 조화를 이룬 아름다움이 뿜어져 나
온다.

'보헤미안 귀족'이라 불리는 라트란 지구 최고의 명소는 1309년에 세
워진 성 비투스 성당St. Vitus Church과 성 요스트St. Jost 성당이다. 하늘을
찌를 듯한 늘씬한 몸매를 자랑하는 비투스 성당은 후기 고딕 양식의 외
관과 바로크 양식의 제단, 르네상스 양식의 사제관 등 여러 건축 양식이
혼합된 코헤미아 지방의 대표적인 종교 건축물이다. 블타바 강변에 우
뚝 솟아 있는 서쪽 탑과 좁고 긴 창문, 깎아지른 듯한 지붕은 고딕 건축

Cesky Krumlov

의 강인함을 대변한다. 성 요스트 성당은 구시가와 신시가를 잇는 성곽 위에 세워져 있다. 이 성당은 고딕과 바로크 양식이 혼합된 건축물로, 첨탑과 성당 내부에 장식된 천장화와 제단에 새겨진 조각이 유명하다.

라트란 지구에서 놓칠 수 없는 다른 명소로는 이 지방의 문화를 전시한 옛 예수회 학교를 꼽을 수 있다. 이 학교는 현재 호텔로 바뀌었지만, 16세기에는 수도사와 성직자의 길에 들어선 이들의 배움터였다. 그래서일까. 이 호텔은 단순한 숙소 이상의 것을 제공한다. 보헤미아 지방의 문화와 주민의 삶을 보여주는 물건들과 다양한 성물이 호텔 곳곳에 전시되어 있어 마치 박물관에 온 듯한 인상을 준다. 호텔 운영 방법이나 직원들의 복장도 중세의 풍습을 그대로 따르고 있어 중세 문화를 직접 체험하려는 투숙객의 발길이 끊이지 않는다.

인구라고 해봤자 약 만 5000명에 불과한 체스키크룸로프 마을에는 프라하 성에 이어 두 번째로 큰 성곽이 있다. 작은 마을에 이토록 커다란 성곽이 세워질 수 있었던 것은 풍부한 경제력이 뒷받침되었기에 가능했다. 체스키크룸로프의 풍부한 경제력을 지탱시켜준 것은 은과 소금, 그리고 손재주 뛰어난 주민들이 만들어낸 수공예품과 상술을 들 수 있다.

체스키크룸로프 마을에 경제적인 부를 가져다준 일등공신은 뭐니 뭐니 해도 품질 좋은 은 광산이다. 당시 중부 유럽에서 가장 질 좋은 은을 생산했던 체스키크룸로프의 영주들은 은을 소금과 교환하는 무역을 전개하면서 막대한 이익을 창출했고, 그렇게 축적한 부를 바탕으로 앞다투어 크고 작은 건축물을 신축했다. 이 마을이 지금의 풍광을 갖추게 된

귀족 복장 차림의 체스키크룸로프 주민

것도 돈 많은 권력자들이 자신들 삶의 공간을 꾸미느라 오스트리아와
독일의 장인들을 불러들인 덕분이다.

'보헤미아의 보석'이라 불리는 체스키크룸로프. 14세기부터 16세기까
지 화려한 전성기를 누린 이 아름다운 마을은 18세기를 정점으로 산업
혁명의 거센 물결에 밀려 유럽의 녹색 지붕인 두 산맥 아래 조용히 은거
하게 되었다. 수백 년간 역사의 뒤편으로 물러나 있던 체스키크룸로프가
다시 지구촌 가족에게 주목받기 시작한 것은 1993년 체코 자유화 이후
부터다. 체스키크룸로프, 그곳에서는 다양한 중세 건축물과 함께 한 시
대를 풍미했던 장인들의 섬세한 손길과 숨결을 동시에 느낄 수 있다.

터키 ⋯▶ 파묵칼레

터키의 심장, 이스탄불Istanbul에서 해안선을 따라 이어진 국도를 달리다 보면 『일리아드』와 『오디세이』의 무대임을 알리는 거대한 목마가 방문객을 맞는다. 목마와 눈을 맞추고 다시 남동쪽으로 다섯 시간 남짓 더 달리면 '목화 성城'이라 불리는 환상적인 마을, 파묵칼레Pan·ukkale를 만날 수 있다.

'목화Pamuk 성kale'이라는 뜻의 파묵칼레는 터키 남서부 데니즐리Denizl에 위치한 석회붕 지역으로, 2500년의 역사를 간직한 유서 깊은 마을이다. 지금은 마을의 가구라고 해봐야 200여 호에 불과하지만, 고대 페르가몬Pergamon 왕국을 시작으로 그리스와 로마 시대에는 이 지역

최고의 문화 도시였다.

파묵칼레를 찾는 방문객은 정해진 코스인 양 너나없이 하얀 석회석 온천으로 향하게 된다. 지구촌 어디에서도 찾아볼 수 없는 거대한 석회석 기둥의 신비로운 매력을 거부할 수 없기 때문이다. 보는 이로 하여금 무아지경에 빠져들게 하는 석회석 기둥은 둘레가 수십 수백 미터에 이르고, 기둥 하나의 높이가 5~6미터나 된다고 한다. 언뜻 보면 석회석 기둥 모두가 흡사해 보이지만, 조금만 자세히 살펴보아도 저마다 독특한 모양새를 갖추고 있음을 두 눈으로 확인할 수 있다.

계단식 경작지를 연상시키는 석회석 기둥들은 빛에 따라 전혀 다른 풍광을 연출한다. 태양이 중천에 떠 있는 한낮에 바라본 하얀 석회석과 에메랄드 물빛이 어우러진 모습도 환상적이지만, 새벽의 청초한 여명이나 황혼 녘의 석양빛과 어우러진 풍광은 더없이 신비롭다.

다량의 탄산칼슘이 포함된 석회석 기둥 밀집 지역에 들어가려면 먼저 신발을 벗어야 한다. 맨발로 석회석 지역을 걷다 보면 지대의 높이에 따라 전혀 다른 촉감을 감지할 수 있다. 정상 부근은 날카로운 석회석 층 때문에 발을 딛기조차 어렵지만, 중간 지점의 석회석은 흐르는 온천수에 매끄럽게 연마되어 발 마사지에 적합하며, 아래쪽은 도자기를 만드는 점토가 연상될 정도로 부드러운 석횟가루가 바닥에 깔려 있어 마치 솜 위를 걷는 듯한 느낌이다.

파묵칼레 최고의 자랑거리는 온천이다. 일찍이 중동과 유럽을 대표하는 온천으로 알려진 파묵칼레 온천은 그리스, 로마 황제들이 즐겨 찾았던 장소다. 예로부터 파묵칼레 온천수는 뛰어난 약효로 그 명성이 자자

· 2000년 넘게 수많은 사람을 유혹했던 파묵칼레 야외 온천

로마 황제와 귀족들의 목욕탕에서 온천욕을 즐기는 사람들

했다. 연중 섭씨 36도를 유지하며 특히 심장병과 신장병을 비롯해 순환기 질환에 효능이 탁월해 고대 로마의 황제와 귀족들이 신병 치료와 휴식을 즐기기 위해 수시로 찾았다. 게다가 이곳은 페르가몬 왕국과 그리스 로마 시대를 대표하는 유물로 가득한 인류 유산 지역이기도 하다. 하지만 지금은 황송하게도 왕국의 유적지를 거닐고, 황제의 목욕탕에서 온천욕을 즐기는 것은 이곳을 찾은 모든 이들이 누릴 수 있는 권리다.

오스만터키 제국이 이 지역을 점령하기 전까지 파묵칼레는 페르가몬 왕국을 세운 텔레포스Telephos 왕의 아내의 이름 '히에라Hiera'를 따서 '히에라폴리스Hierapolis'라고 불렸다. 2000년 오랜 역사를 자랑하는 고장답게 넓은 지역에 걸쳐 수많은 건축물이 건립되었지만 여러 차례의 지진으로 대부분 파괴되었다. 현재 남아 있는 유적지는 아폴론 신전 일부와 도미티아누스 황제 개선문, 성벽 유적지, 남북으로 연결해놓은 대로 정도다.

남아 있는 유적지 모두 저마다 독특하고 흥미롭지만, 그중에서도 유독 눈에 띄는 유적지는 우리네 무덤과 흡사한 묘지와 보존 상태가 뛰어난 원형극장이다. 서양 어느 곳에서도 찾아볼 수 없을 정도로 독특한 형태의 파묵칼레 무덤은 원래 만 5000기가 넘게 있었다. 하지만 무덤 유적지도 지진으로 인해 90퍼센트 이상이 사라져버렸고, 현존하는 무덤은 줄잡아 1200기가 조금 넘는다.

로마의 개선문을 연상시키는 초대형 무덤을 비롯해 각기 모양과 크기가 다른 무덤 유적지 중에서 유난히 나의 시선과 발걸음을 붙잡았던 것은 봉분이 형성된 무덤이다. 당시 파묵칼레 최고 권력자와 부호들의 무

· 도시를 남북으로 가로지르는 대로를 따라 조성된 거대한 건축물
: 현존하는 로마 극장 가운데 보존 상태가 가장 양호한 히에라폴리스 극장

전통 방법으로 직조한 식탁보를 파는 소녀. 파묵칼레에는 예로부터 양모와 직조 산업이 발달했다

덤으로 추정되는 이 무덤은 김유신 장군의 묘만큼이나 크고 형태도 비슷해 얼핏 보면 우리네 무덤으로 착각할 정도다. 파묵칼레 지역에 산재되어 있는 무덤의 또다른 특징은 죽은 자의 신분에 따라 그 규모와 형태가 전혀 다를 뿐만 아니라, 동양과 서양의 분묘가 한 곳에 모여 있다는 것이다. 이런 까닭에 파묵칼레 무덤 유적지는 동서양의 장례 문화를 비교해 볼 수 있는 소중한 장소다.

무덤 유적지 건너편에는 파묵칼레 최대 건축물인 원형극장 유적지가 자리 잡고 있다. 주변 풍광이 한눈에 내려다보이는 언덕 위에 건설된 원형극장은 만 명을 동시에 수용할 수 있는 규모다. 이토록 거대한 극장을 파묵칼레에 건설한 것은 로마 제국을 통치했던 황제와 귀족들이 온천 지역에서 오랜 기간 휴식을 취하면서 연극 공연 등을 관람하는 일이 잦았기 때문이다. 지상에 남아 있는 로마 극장 유적지 중 보존 상태가 가장 뛰어난 파묵칼레 원형극장은 아름다운 조각과 커다란 대리석으로 이루어져 있다. 중앙에는 로마 황제를 위한 귀빈석이 따로 마련되어 있을 정도로 황제들은 이곳을 자주 찾아 공연을 관람했다.

극장 건축물과 무덤 유적지 사이에는 도미티아누스 황제의 개선문이 남아 있다. 이 개선문은 로마의 개선문과는 모양새가 사뭇 다르다. 크기와 모양이 똑같은 세 개의 아치로 이루어진 도미티아누스 개선문 역시 지구촌 어디에서도 찾아볼 수 없는 독특한 형태의 유적이다.

도미티아누스 개선문을 지나면 아폴론 신전 터를 비롯해 지금은 건물의 일부만 남아 있는 온천 휴양 시설 '님파이온Nymphaion'과 비잔틴의 대표적인 교회 유적지 중 하나인 빌립 교회 등이 흩어져 있다.

어느 째 찾아가도 신비로운 자연 경관과 흥미로운 유적을 만나볼 수 있는 마을, 파묵칼레. 눈이 시리도록 하얀 석회석 기둥과 수많은 유적지를 둘러본 후 즐기는 온천욕은 고단한 여정에 지친 여행자들을, 세상을 호령하던 로마 황제로 변모시켜주는 신비의 묘약이다.

키프로스 ⋯▸ 트루도스

한반도가 이념의 차이로 남북으로 분단된 국가라면, 지중해 동쪽 끝자락에 자리한 작은 섬나라 키프로스Kypros는 종교로 인해 남북으로 대치하고 있는 국가다. 고대부터 구리 산지로 유명했던 키프로스는 그리스와 로마를 비롯해 여러 제국의 지배를 받은 굴곡진 역사 때문에 전 국토가 지붕 없는 박물관을 연상시킬 정도로 다양한 문화를 간직하고 있다. 그 다채롭고도 흥미로운 키프로스의 문화 명소 중에서도 내륙 산간의 트루도스Troodos는 시곗바늘을 중세로 되돌리는 매혹적인 마을이다.

키프로스 섬의 오지, 트루도스에 사람들이 거주하기 시작한 것은 기원전부터다. 현재 트루도스 지역을 터전으로 살아가는 주민은 1000명이 조금 넘는다. 접근조차 어려운 산간 오지답게 마을은 물이 풍부한 계곡과 산기슭에 밀집해 형성되어 있다. 지명조차 생소한 이들도 있겠지만 트루도스는 일찍이 세계사에 등장했던 이름 있는 마을이다. 험준한 올림포스 산에 자리한 트루도스가 역사의 무대에 모습을 드러낸 시기는 십자군 원정과 연관이 깊다. 복음 전파라는 미명 아래 전쟁을 일삼았던 유럽의 갱주들이 동방 원정을 위해 지중해 동쪽 끝에 위치한 키프로스를 중간 기점으로 이용하면서부터다.

트루도스 마을 자체도 매혹적이지만, 진짜 자랑거리는 이곳에 세워진 유서 깊은 종교 건축물과 그곳 실내를 장식한 프레스코 벽화다. 산간 마을과 산속에 세워진 종교 건축물은 수십 곳에 달한다. 이 교회들은 십자군 원정 시기에 해당하는 7세기부터 13세기 사이에 건축된 것으로, 그 중 유네스코 세계문화유산으로 등재된 곳만 해도 십여 곳이 넘는다.

교회의 규모는 하나같이 작아서 대부분이 소형 아파트 크기인 10~20여 평에 불과하고, 그 일대에서 가장 큰 규모를 자랑하는 교회라고 해도 100여 평이 넘지 않는다. 규모가 작은 만큼 사용된 건축 자재도 주변에서 생산되는 흙벽돌과 나무가 주류를 이룬다. 겉보기엔 보잘것없이 초라하지만, 교회 안으로 발길을 옮겨놓으면 입에서 절로 쏟아져 나오는 것은 감탄사뿐이다. 벽과 천장, 제단 그리고 심지어 바닥까지 프레스코화로 가득한 교회는 천국에 들어선 느낌을 준다.

이것이 십자군 원정 때 지어진 교회들의 독특한 특징이다. 외관과 실내가 전혀 다르다는 것. 겉으로 보이는 건축물은 여느 가옥과 별반 다르

Troodos

지 않다. 지붕 위로 우뚝 솟은 커다란 십자가는 고사하고 종교적인 색채를 보여주는 것을 전혀 찾아볼 수 없다. 그저 평범한 산간 지방의 주택처럼 느껴질 정도다. 나 역시 교회 안으로 발을 들여놓기 전까지는 고생 끝에 마주한 건물을 보고 낙담했을 정도다.

하지만 실내는 전혀 달랐다. 신앙심 깊은 사람들이 공들여 지어 올린 건축물답게 교회 내부에서는 강렬한 종교색이 배어난다. 눈에 보이는 모든 그림과 성물, 장식이 기독교와 무관하지 않다. 특히 예수와 성모마리아뿐만 아니라 기독교를 서방에 전파한 열두 제자를 그린 그림이 유독 눈에 많이 띈다. 이와 더불어 여느 종교 건축물이나 그림에서는 좀처럼 접할 수 없는 것이 있었다. 바로 종교를 전파할 목적으로 목숨 걸고 전쟁을 치른 기사들과 그들이 타고 휘둘렀던 말과 창 같은 무기류다. 직접 눈으로 확인하지 않고서는 믿기 어려울 정도로 아름답고 화려한 프레스코화로 가득한 교회는 거대한 그림 궁전과도 같았다.

오랜 세월 산간 지역에 뿌리를 내린 교회들은 하나같이 보존 상태가 뛰어나다. 외관은 몰라도 내부만큼은 완벽하리만치 잘 보존되어 있다. 이렇듯 교회가 갓 지어졌을 때의 모습에서 크게 훼손되지 않고 무사히 보존될 수 있었던 것은 자기 목숨을 바쳐가며 지키고 관리했던 트루도스의 주민들이 있었기에 가능한 일이다. 대를 이어 교회를 지키고 관리하던 주민들이 십자군 원정 당시 신앙심 투철한 사람들을 선발해 이곳으로 이주시켰다고 한다. 오늘날 작은 교회를 지키는 다수의 주민들은 바로 그들의 후예다.

중세 시대로 여행을 떠나 온 듯한 기분을 안겨주는 트루도스 마을을

· 여느 가정집을 연상시키는 작은 교회. 유네스코 세계문화유산으로 등재되어 있다

Troodos

· 십자군 원정 때 세워진 작은 교회 안의 프레스코 벽화

외로이 산간 오지의 교회를 지키는 수도사

둘러보다 보면 또 하나 흥미로운 점을 발견할 수 있다. 어느 집에나 올리브나무가 있다는 사실이다. 이곳 주민들에게 올리브는 우리네 김치만큼이나 중요한 식품으로 모든 음식에 들어간다. 일반적으로 샐러드부터 빵과 양고기 같은 육류를 먹을 때는 물론이고 생선을 먹을 때도 절인 올리브를 곁들여 먹는다. 이곳 주민들이 즐겨 먹는 올리브는 자신의 집이나 농장에서 생산한 것으로 전형적인 슬로푸드다.

트루도스 지역의 또다른 마을 케코페트리아Kakopetria는 장수 마을로도 명성이 자자하다. 그곳 주민들의 장수 비결로 긍정적인 사고와 종교적인 삶을 꼽을 수 있지만, 무엇보다 결정적인 요인은 직접 생산한 식재료로 만든 음식과 더불어 주민 상호간에 즐기는 일상의 친목이다. 이곳에는 변변한 놀이 시설이나 편의 시설 하나 찾아볼 수 없지만, 주민들은 여유로운 시간이 주어지면 어김없이 함께 모여 차를 마시면서 대화를 나누거나 장기를 두면서 친목을 도모한다.

산간 오지 생활은 조금은 따분하고 단순하다. 그러나 이곳 주민들은 주어진 환경을 기꺼이 받아들이고 즐길 줄 안다. 백발이 성성한 노인들이 아침부터 들판에 나가 양을 치거나 집에서 일하는 모습을 종종 목격할 수 있다. 남자들이 양을 몰고 산에 오르는 시각에 아낙네들은 집안일을 한다. 물론 젊은이들의 일상은 조금 다르지만. 주민들이 이런 평온하고 자연순응적인 삶을 즐길 수 있는 바탕에는 종교적인 힘이 크게 기여했다고 말할 수 있을 것이다.

에게 해에 떠 있는 섬나라, 키프로스를 둘러보다 보면 작은 땅덩이 안에 이토록 아름다운 자연 경관과 흥미로운 문화유산을 품고 있음에 절

로 탄성을 토해내게 된다. 눈부시게 빛나는 하얀 모래와 코발트 빛 물결
이 넘실거리는 해안, 올림포스 산을 중심으로 이루어진 내륙 산간 오지
까지. 작은 섬나라라는 사실이 무색할 정도로 변화무쌍한 풍광을 연출
하는 키프로스가 오늘날 이토록 풍요로운 문화를 꽃피울 수 있었던 바
탕에는 선한 마음과 절제된 사고를 지닌 평화로운 주민들이 있었다.

Troodos

Sheffield, Batuan, Naoshima, Labadee
Saint Paul de Vence, St. Moritz
Sidi Bou Said, Key West, Cojimar, Thaishan
Bran, Rudesheim, Hop, Luang Prabang
Olympia, Salzkammergut, Petra, Rila
Itchan Kala, Khajuraho
Santillana del Mar, Memphis
Cesky Krumlov, Pamukkale, Troodos
Ngorongoro, Rovaniemi, Yellowknife
Lake Inle, Orvieto, Hay on Wye
Kampong Ayer, Victoria Falls, Folk Village
Ile aux Cerfs, Moorea, Gallivare, Palau

옛것을 지키는
찬란한 아름다움

전통 마을

신과 인간의 위대한 공생을 확인할 수 있는

탄자니아 ···▶ 응고롱고로

탄자니아 북동 지역에는 지상 최대의 분화구가 있다. 전설적인 마사이족Masai 전사들은 이 분화구를 응고롱고로Ngorongoro라고 부른다. 기린과 임펠라를 제외하고는 아프리카 서식 동물을 모두 볼 수 있는 응고롱고로에는 동물만 있는 것이 아니다. 수천 년 동안 그들만의 전통과 풍습을 지켜온 아프리카 최고의 전사 마사이족이 살고 있었다.

언덕 위에서 바라본 응고롱고로의 아침 풍경은 보는 이로 하여금 무아지경에 빠지게 만든다. 하지만 시작되는 하루의 고요함도 잠시. 아침 햇살이 응고롱고로의 거대한 분화구를 비추기가 무섭게 짐승들의 험난한 생존 경쟁이 시작된다. 백수의 제왕이라 불리는 사자를 비롯해 표범

과 얼룩말, 그랜드가젤 등 온갖 동물이 생존의 치열한 사투를 벌이는 응고롱고로는 마사이족 언어로 '거대한 구멍'이란 뜻을 지니고 있다. 동서 거리 20킬로미터에 남북 거리가 16킬로미터에 이르는 화산이 만들어낸 이곳 분화구에 서식하는 동물은 조류를 제외하고도 자그마치 2만 5000마리가 넘는다.

응고롱고로 지역의 기후는 우기와 건기로 구분된다. 우기 때는 우거진 수풀 때문에 동물을 찾기 어렵지만 건기 때는 동물들이 쉽게 눈에 띈다. 건기와 우기에 관계없이 볼 수 있는 동물은 코끼리와 버펄로, 누^{영양}_{의 일종}와 얼룩말 등이 있다. 금빛 재칼이나 표범 등을 보려면 건기에 해당하는 7~11월 사이에 이곳을 찾는 것이 좋다.

동물들의 보금자리로 접근하려면 지정된 차량을 이용해야 한다. 흔히 지프를 타고 동물을 찾아가는 것을 '사파리Safari'라고 하는데, 이곳 응고롱고로와 탄자니아 국립공원에서는 '게임 드라이브Game Drive'라는 용어를 사용한다. 동물을 보기 위해 찾아온 방문객과 안전을 위해 몸을 숨기려는 동물 사이에 쫓고 쫓기는 모습이 일종의 게임 같다고 해서 현지인들이 붙인 명칭이다. 게임 드라이브는 해가 분화구를 비추는 아침부터 일몰까지만 허용되고, 게임을 즐길 수 있는 차량도 제한되어 있다. 시간과 차량을 제한하는 까닭은 밀렵꾼으로부터 야생동물을 보호하기 위해서다.

응고롱고로 지역에서 게임 드라이브를 즐기는 방법에는 선택의 여지가 없다. 누구나 현지인의 안내를 받아야 하고 어김없이 정해진 차량을 이용해야 한다. 야생동물 보호구역 안에서 운행되는 모든 차량에는 무

Ngorongoro

자전거를 타고 가다 멈춰 서서 이방인을 바라보는 마사이족 청년

· 동물 배설물과 나무를 이용해 지은 마사이족 전통 가옥과 여인
: 마을 입구에서 노래로 방문객을 환영하는 마사이족 전사들

263
Ngorongoro

전기가 탑재되어 있어, 희귀한 동물과 모습을 잘 드러내지 않는 동물을 발견하면 서로 신속하게 연락을 취하기 때문에 다양한 동물을 볼 수 있다. 이곳의 동물들은 그 종류만큼이나 살아가는 방법도 다르다. 사자와 하마 같은 동물은 가족 단위로 움직이고, 얼룩말과 버펄로 등은 수백 마리씩 떼를 지어 이동하거나 생활하며, '아프리카의 청소부'라 불리는 하이에나는 혼자 혹은 집단으로 살아간다.

응고롱고로의 매력은 헤아릴 수 없이 많다. 그중에서도 손꼽히는 자랑거리는 야생동물을 아주 가까운 거리에서 볼 수 있다는 점이다. 원숭이와 얼룩말은 말할 것도 없고 사자, 하이에나와 같은 맹수도 불과 몇 미터까지 접근해 볼 수 있다. 이렇게 맹수들에게 가까이 다가갈 수 있는 이유는 이곳에 서식하는 동물들은 사람들이 해를 끼치지 않는다는 것을 잘 알고 있기 때문이다. 물론 여전히 인간을 두려움의 대상으로 여기는 동물도 있지만 적어도 사자, 코끼리, 솔개 등은 인간을 전혀 두려워하지 않는다. 어느 면에서 보자면 이곳에서는 인간과 짐승이 서로 공생하고 있다는 표현이 더 적절하다.

사자의 경우, 게임 드라이브를 즐기는 차량 옆으로 다가와 마치 저도 사람 구경이라도 하듯 두리번거리는 광경을 어렵지 않게 볼 수 있다. 그뿐인가. 솔개는 관광객을 발견하는 즉시 주변을 순회하며 사람들의 식사 시간을 기다린다. 솔개가 노리는 것은 사람들이 남긴 음식이 아니라 아직 손도 대지 않은 음식이다. 사람들이 준비해 온 음식을 먹기 위해 손으로 집어 드는 순간, 솔개가 어느 틈엔가 나타나 잽싸게 낚아채 날아가버린다. 그만큼 솔개는 인간을 두려워하기는커녕 친숙하게 여긴다.

응고롱고로 동물보호 구역을 찾은 방문객들이 코앞에서 사자를 관람하는 광경

Ngovongovo

응고롱고로 분화구 위에는 마시이족의 작은 터전이 있다. 마사이족은 지금도 수천 년 동안 이어져온 옛것을 고집스레 지키며 살아가고 있다. 마을 입구에는 야생동물의 침입에 대비해 울타리를 쳐놓았고, 독특하게도 가축우리를 한가운데 두고 그 주위에 집들을 지어놓았다. 세월의 흐름과 문명을 거스르는 것은 눈에 보이는 집과 마을만이 아니다. 그들의 생활 방식 또한 옛것 그대로다. 전투는 사라졌지만 지금도 마사이족 전사들은 야생동물 사냥에 많은 시간을 보낸다. 가사일과 육아, 가축을 키우는 일상의 모든 일은 마사이족 여성의 몫이다. 의식주의 변화도 미미하다. 대부분의 마사이족이 조상 대대로 내려오던 방식대로 동물 배설물로 집을 짓고, 땔감으로 쓰고, 음식 조리에 이용한다. 최근에는 익혀 먹는 음식이 많아졌다고는 하지만 지금도 동물의 피와 우유를 직접 짜서 즉석에서 마신다.

하지만 수천 년에 걸쳐 이어져온 마사이족 삶에도 변화가 일어나고 있다. 일부 마사이족 마을에서는 문명의 산물을 적절하게 활용하고 있다. 어떤 마을에서는 집을 지을 때 나무와 동물의 배설물 대신 흙을 이용하고, 호텔이나 국립공원에서 새로운 일자리를 찾은 마사이족의 수도 늘어나고 있는 추세다.

마을과 응고롱고로 분화구 사이에는 세상에서 가장 오래된 주거지가 있다. 세렝게티Serengeti 국립공원 동부에 있는 올두바이 협곡Olduvai Gorge이다. 이곳에서는 300~360만 년 전 직립 보행을 했던 '오스트랄로피테쿠스'와 인류의 조상인 '오스트랄로피테쿠스 보이세', '호모하빌리스'의 뼈가 다수 발견되었다. 이곳에서 발견된 유골은 고고학적인 가치

전통 마을 ···

도 매우 높다.

　응고롱고로는 신과 인간이 함께 만들어낸 흥미로운 곳이다. 시시각 각 변하는 거대한 분화구, 그곳을 터전으로 살아가는 동물들과 수천 년 동안 전통과 풍습을 이어가는 마사이족 마을까지. 응고롱고로는 생명의 진정한 공생이 무엇인지 보여주는 자연의 보물 창고다.

Ngorongoro

핀란드 ···▶ 로바니에미

하얀 자작나무와 음악가 장 시벨리우스Jean Sibelius로 상징되는 핀란드. 어떤 사람은 호수가 많은 나라라 말하고 어떤 이는 사우나가 유명하다고도 한다. 전자의 말도 맞고 후자의 말 또한 틀림없다. 수도 헬싱키Helsinki의 원로원 광장Senate Square과 얼음 호텔, 동화의 무대인 '무민 월드Moomin World'에 이르기까지 핀란드에는 다양하고 흥미로운 볼거리가 넘쳐나지만, 산타클로스를 만날 수 있는 산타 마을, 로바니에미Rovaniemi만큼 인상적인 곳도 드물다.

인구 3만 여 명이 거주하는 로바니에미, 이곳에는 특별한 이벤트도 없고 그렇다고 오랜 역사의 문화 유적이 있는 것도 아니다. 그럼에도 매년 100만 명이 넘는 관광객이 이 도시를 찾는다. 핀란드 사람들은 물론이고 지구촌 구석구석에서 많은 이들이 로바니에미를 찾는 까닭은 어른 아이 모두에게 꿈을 주는 산타 마을, 산타클로스 빌리지Santa Claus Village가 있기 때문이다.

일 년 365일, 쉬는 날 없이 열리는 산타 마을 입구에는 '북극권Arctic Circle'이라고 적힌 커다란 푯말이 세워져 있다. 이 푯말을 뒤로하고 마을로 들어서면 아담한 광장이 나온다. 광장을 중심으로 사방으로 펼쳐진 산타 마을의 풍광은 예쁘고 정겹다. 크리스마스카드 속 그림과도 같은 산타 마을에는 산타클로스가 방문객을 맞이하는 산타 오피스를 비롯해 산타 우체국과 레스토랑, 카페, 상점가 그리고 목장 등이 들어서 있다.

산타 오피스에서 가장 높은 외관 중앙에는 빨간 모자를 쓴 산타클로스를 형상화 시켜놓은 마스코트가 장식되어 있다. 2층짜리 목조 건물인 산타 오피스는 세계 곳곳에서 몰려든 관광객으로 언제나 북적거린다. 산타클로스의 집무 공간이자 관람객들을 맞이하는 산타 오피스는 접견실과 서재, 클럽 하우스로 공간이 나뉘어 있다. 라플란드 소수민족인 사미족Saami의 앞코 뾰족한 전통 가죽 신발과 라면 면발 같은 꼬불꼬불한 긴 수염을 단 산타클로스의 모습이 엽서에 나오는 산타 할아버지와 꼭 닮았다. 지구촌 어린이들에게 줄 크리스마스 선물이 빼곡히 들어찬 접견실에서 책을 읽고 있는 산타클로스를 보는 순간 절로 미소를 띠게 된다.

7척 거구의 산타클로스를 찾아오는 사람들은 남녀노소 할 것 없이 누구나 한 번쯤 산타클로스에게서 크리스마스 선물을 기대하게 되고, 선물 이야기를 마친 아이들은 자신의 잘못이나 자랑거리를 재잘재잘 늘어

놓는다. 산타는 아이의 이야기를 귀담아들어주고는 진지하게 해결책을
내주기도 하고 자신의 어릴 적 경험담을 들려주기도 한다.

산타 할아버지의 선물은 아이들의 몫인 만큼 산타 마을도 아이들을
위한 공간이고 어린이 손님이 많을 거라 생각하기 쉽지만, 천만의 말씀
이다. 이곳을 찾는 어른도 어린아이 못지않게 많다. 산타보다 나이 많
은 할아버지 할머니 관광객도 꽤 있다. 산타 할아버지와 재미있는 이야
기를 두런두런 나누다가 서로 마주 보며 껄껄 웃는 광경도 종종 볼 수
있다.

산타 하우스에서 많은 이들이 즐겨 들르는 코스로, 접견실 옆의 산타
서재도 있다. 그곳은 책 한 권의 크기가 1미터가 넘는 커다란 책들로 가
득 차 있다. 또한 의자도 마련되어 있어 여정에 지친 관광객들이 편안한
휴식을 취할 수도 있다. 그리고 산타 서재 안에 있는 작은 계단을 올라
가면 산타 클럽이 나온다. 이곳에는 지구촌 어린이들에게 보내는 카드
와 편지를 손수 작성하는 책상과 필기도구가 마련되어 있고, 누구나 자
유롭게 관람할 수 있도록 언제나 개방되어 있다.

또다른 명소로는 산타 우체국이 있다. 산타 오피스 건너편에 위치한
산타 우체국에서는 크리스마스와 산타클로스와 관련된 업무를 취급한
다. 산타 우체국에서 방문객을 맞이하는 것은 사람이 아니라 산더미처
럼 쌓인 우편물이다. 산타 우체국에는 각기 용도가 다른 노란색과 빨간
색의 우체통이 있다. 노란색 우체통은 당일 발송되는 우편물용이고, 빨
간색 우체통은 크리스마스에 맞춰 주소지에 도착할 수 있게 우편물을
모아두는 우체통이다. 바로 이 빨간색 우체통이 우체국을 우편물로 넘

· 산타 마을을 찾은 어린이들과 이야기를 나누는 산타클로스
: 세상 모든 나라로 우편물을 보내는 산타 우체국 내부

273
Rovaniemi

순록을 돌보고 있는 사미족 아가씨와 전통 복장 차림의 사미족 소녀

쳐나게 하는 주범이다.

산타 우체국은 단순히 우편물만 취급하는 곳이 아니라 일종의 종합 서비스 센터다. 산타 마을을 찾은 방문객이 가족이나 친구에게 산타클로스의 서명이 들어 있는 카드와 엽서뿐 아니라 다양한 선물까지 보낼 수 있도록 각종 우편 서비스를 제공한다. 물론 유료 서비스다.

산타 마을은 비록 작지만 볼거리가 넘쳐난다. 산타 마을 입구에 널찍하게 자리를 차지한 상점가도 그중 하나다. 이곳에는 사미족의 전통 토산품을 판매하는 가게들 이외에도 레스토랑과 전통 사우나를 즐길 수 있는 공간도 따로 마련되어 있어, 사미족의 독특한 문화를 체험하고 맛깔스러운 전통 음식도 마음껏 즐길 수 있다.

산타 마을 서쪽 지하에는 산타 파크Santa Park가 조성되어 있다. 관광객들에게 보다 다양한 볼거리와 문화 행사를 제공하기 위한 일종의 크리스마스 테마 공원이다. 수천 평에 이르는 산타 파크는 겨울 시즌에만 문을 열고 관광객을 맞이한다. 산타 파크 최고의 인기 구역은 산타클로스 동화 공연이 펼쳐지는 자그마한 극장이다.

산타 마을 외곽에는 이곳 주민들의 삶을 엿볼 수 있는 순록 목장들이 있다. 보통 수백에서 수천 마리에 이르는 순록을 사육하는 목장들은 저마다 특별한 테마를 가지고 운영된다. 순록을 타고 주변을 돌아보는 투어 프로그램으로 수익을 올리는 목장도 있고, 순록 고기 전문 레스토랑을 겸하는 목장도 있다. 게다가 목장을 하나의 종합 관광 상품으로 만들어 숙박부터 레포츠까지 한 곳에서 해결할 수 있도록 조성해놓은 목장도 있다. 사미족의 전통적인 삶을 직접 체험할 수 있는 장소로 목장만

Rovaniemi

한 곳도 없는 셈이다.

핀란드의 겨울은 혹독해서 여행하기에는 조금 불편하지만, 북구의 참맛을 느끼려면 겨울이 최고다. 특별한 추억을 만들고 싶거나 어린 자녀에게 꿈과 희망을 심어주고 싶은 이들에게 산타 마을, 로바니에미는 더 없이 좋은 곳이다.

혹독한 겨울에 피어나는 신비한 오로라의 향연
캐나다 ····▶ 옐로나이프

　　　'새벽'이란 뜻의 라틴어 '아우로라Aurora'에서 유래한 오로라는 신비로운 자연현상이다. 어두운 밤하늘에 갑자기 나타나 찬란한 베일을 드리웠다가 이내 사라지는 오로라를 볼 수 있는 곳은 많다. 미국 알래스카를 비롯해 스위스 동북 산간 지역, 핀란드, 스웨덴, 노르웨이에 걸쳐 있는 라플란드Lapland, 그리고 러시아 북부 내륙 지방까지. 그렇다고 이곳들을 찾아간들 언제나 오로라가 화려한 빛의 장막으로 반겨주는 것은 아니다. 하지만 일 년 내내 오로라의 환상적인 빛의 향연을 감상할 수 있는 곳이 있다. 바로 캐나다 노스웨스트 준주의 주도, 옐로나이프Yellowknife 외곽에 자리한 오로라빌리지Aurora Village다.

'옐로나이프'라는 지명은 날고기를 먹고 살았던 이누이트족 사냥꾼들이 사용했던 칼에서 유래했다. 18세기 후반 이후 모피 무역과 거대한 금광으로 부와 명성을 거머쥐었던 옐로나이프는 한반도보다 면적은 넓지만 인구는 마을 하나를 이룰 정도로 적다. 주요 행정기관과 오피스텔, 상점이 밀집해 다운타운과 옛 정취가 그대로 보존되어 있는 올드타운과 그 인근의 거주민을 모두 합쳐도 만 8000명밖에 되지 않는다.

옐로나이프의 겨울은 오로라가 주는 신비로움만큼이나 혹독하다. 한낮 최고기온도 영하 10도에 불과하고 보통 영하 20~30도까지 내려가며 최저기온이 영하 40~50도까지 내려가는 날도 흔하다.

옐로나이프 어디서나 오로라를 볼 수 있지만, 문명의 혜택에서 멀어진 곳일수록 보다 드라마틱한 오로라를 감상할 수 있다. 오로라 감상의 최적의 요소를 두루 갖춘 곳이 바로 오로라빌리지다. 다운타운에서 자동차로 30분 거리에 위치한 오로라빌리지는 프레루드 호수Prelude Lake와 울창한 침엽수가 빽빽이 늘어선 나지막한 산 사이에 자리 잡은 작은 마을이다. 버펄로Buffalo 언덕을 중심으로 조성된 오로라빌리지의 최고 명소는 호수와 숲의 주변 풍광이 한눈에 내려다보이는 버펄로 언덕과 이누이트족의 이동식 주택이 들어선 프레루드 호수다. 고개만 돌리면 사방에서 형성되는 오로라를 마음껏 감상할 수 있는 최적의 장소이기 때문이다.

오로라는 물론 날씨와 기온의 영향을 받는다. 구름이 짙게 낀 날에도 우주에서는 오로라 현상이 일어나지만 구름에 가려져 지상에서는 감상할 수 없다. 옅은 구름이 하늘을 덮은 날에도 사정은 비슷하다. 반면 맑

고 일교차가 심한 날 밤이면 어둠 짙은 밤하늘을 빛으로 수놓는 크고 작은 오로라를 볼 수 있다. 오로라는 예측할 수 없을 정도로 변화무쌍하다. 어두운 숲과 호수 위로 느닷없이 나타났다가 10~30초 뒤에 사라져서는 다시 나타나거나 아예 사라져버리기도 한다.

오로라는 태양에서 발생하는 대전입자_{전기를 띠는 입자}와 지구의 자기장이 결합하면서 만들어지는 일종의 방전 현상이다. 오로라 현상은 북극에서 멕시코 연안에 이르기까지 지구촌 여러 곳에서 관측되며, 대부분의 오로라는 북극권을 중심으로 북위 60~80도 사이, 지상으로부터 60~200킬로미터 떨어진 지점에서 많이 나타난다.

오로라는 우주 환경에 따라 수시로 변하기 때문에 모양과 크기가 일정하지 않다. 지금까지 관측된 자료에 의하면 긴 사선과 곡선 형태가 주류를 이룬다. 크기도 천차만별이다. 눈으로 관측할 수 있는 오로라는 길이와 폭이 수십 킬로미터에서 수백 킬로미터에 달하기도 한다.

오로라의 이동 속도 또한 무척 빠르다. 오랜 세월 과학자들이 관측한 데이터에 따르면, 오로라는 초당 2킬로미터의 속도로 이동한다. 허리케인에 동반되는 강력한 바람의 풍속보다 500배나 빠른 셈이다. 오로라의 색상도 다채롭다. 대개는 황록색을 띠지만 붉은색, 푸른색, 오렌지색, 보라색, 회색으로 끊임없이 빛깔이 바뀐다.

많은 오로라가 아무리 화려한 빛을 뿜내더라도 태양빛을 가릴 수는 없는 법. 맑고 선명한 빛의 오로라를 보려면 태양이 물러난 밤 시간을 이용해야 한다. 옐로나이프의 낮과 밤도 계절따라 달라지므로, 여름에는 자정 무렵부터 새벽 2~3시 사이에, 겨울에는 밤 9시부터 다음 날 새

· 지상 최고의 오로라를 볼 수 있는 오로라빌리지에 세워진 캠프
: 옐로나이프에서 만난 원주민의 후예들

벽 2시 사이에 오로라를 볼 수 있다.

오로라빌리지에서는 오로라뿐만 아니라 흥미로운 액티비티도 만끽할 수 있다. 십여 가지의 액티비티와 엔터테인먼트 가운데 늘 인기 순위 맨 앞자리에 차지하는 것은 개썰매다. 여러 차례의 국제대회 우승 경력을 가진 개들이 끄는 썰매를 타고 호수와 숲을 둘러보는 투어는 오로라 감상에 버금가는 즐거움과 스릴을 안겨주며, 인간의 손길이 미치지 않은 원주민의 삶을 체험하기에도 그만이다. 현지 여행사에서 취급하는 상품에 따라 다르지만 짧게는 호수와 숲을 둘러보는 7~8킬로미터 코스부터 원주민의 삶을 체험하고 오로라를 감상하는 100킬로미터 코스의 상품까지 다양하다.

개썰매와 함께 놓칠 수 없는 엔터테인먼트로는 스노슈잉Snowshoeing과 스노모빌Snow Mobile이 있다. 설피눈에 빠지지 않게 신발 바닥에 대는 넓적한 덧신를 착용하고 숲이나 드넓은 설원을 걷는 설원 트레킹, 스노슈잉은 순록과 여우 같은 야생동물을 만날 수 있는 매혹적인 투어다. 스노모빌은 앞바퀴 대신 스키를 단 눈 자동차로, 연인이나 가족끼리 자유롭게 캐나다의 대자연을 만끽하기에 더없이 좋다.

많은 이들이 평생 한 번쯤 눈에 담고 싶어하는 오로라. 지구와 태양이 빚어내는 이 신비롭고 환상적인 빛의 향연을 감상할 수 있는 장소는 꽤 많다. 하지만 오랜 세월 혹독한 환경을 극복하면서 자신들만의 독특한 문화와 관습을 지켜가는 이누이트족의 터전, 옐로나이프의 오로라빌리지만큼 변화무쌍한 자연의 신비를 만날 수 있는 곳은 세상 어디에도 없다.

· 원주민이 많이 거주하는 올드타운에 자리한 카페

문명의 때가 묻지 않은 마지막 지상 낙원

미얀마 ····▶ 인레 호수

미얀마의 최대 도시 양곤Yangon에서 탑승한 헤호Heho행 국내선 항공기에서는 비행하는 내내 잠시도 딴전을 피울 수가 없었다. 여느 때처럼 창밖 풍광을 감상하느라 그런 것이 아니다. 비행기의 소음과 흔들림은 헤호 공항에 두 바퀴가 안착될 때까지 지속되었다. 인레 호수Lake Inle로 가는 관문인 헤호 공항은 우리네 시골 시외버스 터미널을 연상시켰다. 기내에서 손수 수화물을 찾아 들고 공항을 빠져나오자 여러 명의 택시 운전사가 기다리고 있었다.

헤호 공항에서 목적지 나웅쉐Nyaung Shwe로 이어지는 풍광은 타임머신을 타고 떠나는 추억 여행의 기분을 만끽하게 해주었다. 뿌연 먼지로 가

전통 마을 ····▶

득한 비포장도로와 자갈밭, 비포장도로보다 더 형편없는 울퉁불퉁한 포
장도로는 이곳이 오지임을 온몸으로 실감하게 해준다.

아련한 추억 속에서나 접할 수 있는 풍광 속을 두 시간쯤 달리자 인레
호수의 거점인 나웅쉐가 보이기 시작했다. 매연을 뿜어내며 좁은 큰길
을 질주하는 고물 자동차와 자전거, 우마차의 풍경은 이제껏 보았던 마
을들과는 사뭇 달랐다.

불과 얼마 전까지만 해도 외국인의 출입이 금지되었던 미얀마 최고의
비경, 인레 호수. 길이 22킬로미터, 폭 11킬로미터에 이르는 인레 호수의
북쪽 끝자락에 위치한 나웅쉐는 이방인의 발길을 유혹하는 마을들도 많
지만, 이곳의 으뜸 명소는 해발 875미터 지점에 터를 잡은 인레 호수다.

인레 호수는 세계 곳곳의 아름다운 호수와는 전혀 다르다. 그 이색적
인 차이를 만들어내는 것은 바로 인레 호수 위에 떠 있는 거대한 농장들
이다. 농장 하면 으레 너른 들판이나 구릉을 떠올리게 마련이지만, 인레
호수의 농장은 그야말로 물 위에 떠 있는 수상 농장으로 면적 또한 상상
을 초월한다. 인레 호수에는 수만 평에 이르는 거대 농장이 십여 곳이나
있다.

밭고랑처럼 엮은 대나무 위에 흙을 올려 만든 농토에 채소를 재배하
는 수경 농장은 더없이 신기하고 놀라울 뿐이다. 배가 호수를 빠르게 지
나며 일으키는 물결따라 출렁이는 농장이 조금은 불안해 보이지만, 좀
더 가까이 다가가 살펴보면, 그들의 지혜로운 농사 기법에 탄성밖에는
나오지 않는다. 농장에 대나무와 흙으로 만든 나지막한 방호벽을 둘러
놓았기 때문에 보는 것과는 달리 매우 견고하다.

Lake Inle

SHAN LAND

인레 호수에서 재배되는 농산물은 계절에 따라 다르다. 비가 많은 우기 때는 오이를 재배하고, 건기 때는 토마토를 주로 재배한다. 경우에 따라 특수 작물을 재배하기도 하지만 대부분의 농장에서는 오이와 토마토 재배로 생계를 유지한다.

신앙심이 깊은 사람들의 터전답게 인레 호숫가에는 수십 곳의 불교 유적지가 흩어져 있다. 그중 인상적인 곳으로는 인데인Indein 사원, 점핑 캣Jumping Cat 사원, 파웅다우Phaungdawoo 사원 등이 있다.

호수 서쪽에 자리 잡은 작은 마을, 인데인을 지날 때는 주변 자연과 잘 어우러진 농가의 풍광에 잠시 다른 세상에 들어온 듯한 착각마저 든다. 그리스 신전을 연상시키는 끝없이 이어진 회랑뿐 아니라 노점에서 판매하는 각종 토산품 또한 나웅쉐와 인근 유적지에서 볼 수 있는 것과는 확연히 다르다. 불과 10년 전까지만 해도 이방인에게 알려지지 않았던 인데인 사원은 아직 관광객의 발길이 닿지 않은 유적지 가운데 하나다.

약 500미터에 이르는 회랑 좌우에 늘어서 있는 크고 작은 파고다탑는 줄잡아 300~350기에 이른다. 흔적조차 알아볼 수 없을 만큼 파괴된 파고다와 완벽한 상태로 보존된 파고다가 뒤섞여 있는 유적지를 둘러보다 보면 한 가지 흥미로운 것을 발견할 수 있다. 바로 다양한 조각과 부처가 모셔진 파고다다. 대개는 탑 측면에 조각이 장식되어 있지만, 인데인 파고다는 조각으로 장식된 중앙의 별도 공간에 부처를 모셔놓았다. 인데인 유적지는 자료가 남아 있지 않아 아직껏 베일에 가려져 있는 유적지 가운데 한 곳이다. 많은 학자가 동서양의 건축 양식이 혼합된 점으로 보아 10세기경의 유적지일 것으로 추정할 뿐 정확히 밝혀진 것은 전혀

머리에 짐을 매달아 운반하는 인타족 여인들

· 작은 배를 타고 목적지로 이동하는 주민들

Lake Inle

없다.

인데인에서 배를 타고 호수를 둘러보다 보면 반드시 만나게 되는 곳이 있다. 점핑캣 사원. 승려들이 기르는 고양이들이 보여주는 점프 묘기 때문에 '점핑캣'이라는 이름을 갖게 된 이 사원에는 이렇다 할 자랑거리가 없다. 그럼에도 관광객들이 줄지어 이곳을 찾는 것은 주지스님이 기르는 고양이들이 펼치는 점프 쇼를 보기 위해서다.

유적지 주변 마을에서는 아직도 전통적인 삶을 살아가는 소수민족, 인타족Intha을 만날 수 있다. '호수의 아들'이라는 의미를 가진 인타족은 고원의 산속에서 농사를 짓고 채집한 약초를 팔아 살아간다. 아이를 키우고 가축을 돌보는 집안 살림은 여성의 일이고, 그들만의 독특한 방법으로 호수에서 물고기를 낚는 어부의 일은 남성의 몫이다. 그들은 배 위에 한쪽 발로 선 채 다른 한쪽 발로 노를 저어가면서 그물로 고기를 잡는다. 이는 예로부터 전해져 내려오는 어업 방법으로, 끝 간 데 없이 넓은 호수에서 방향을 잃어버리지 않기 위함이다.

인레 호수의 명물 중에서 또 하나 놓칠 수 없는 것은 전통적인 가내공업이다. 이곳 주민들의 주업은 수경 농업이지만, 농번기 아닌 시즌이면 마을 여인들은 천을 짜는 부업에 종사한다. 한 집 건너 한 집이 직조 공장이라 해도 과언이 아니다. 경제적으로 여유로운 집에서는 기계를 구입해 천을 짜고, 상대적으로 형편이 어려운 가정에서는 직조 공장에 나간다. 매일 10시간 넘게 일해서 버는 돈이라고 해봤자 우리 돈으로 월 20000~25000원 수준이지만, 이곳의 일반 남성 직장인이 받는 월급이 30000원 정도인 점을 가만하면 고수익에 해당한다.

사람의 흔적이 드문 인레 호수 주변에 흩어진 유적 사이의 어린 승려

295

　진정한 행복이 머무는 천국, 태초의 자연이 고스란히 보존된 최후의
지상 낙원, 인레 호수. 이곳이 아직 낙원으로 남아 있을 수 있는 것은 단
순히 문명의 때가 묻지 않은 아름다운 풍광이나 관광객의 발길이 닿지
않은 유적지가 있기 때문만은 아니다. 정겹고 따뜻한 미소를 지닌 주민
들의 터전이기 때문이다.

이탈리아 ···▶ 오르비에토

시칠리아 섬 남단의 작은 마을, 노토Noto부터 오스트리아 티롤Tirol과 국경을 마주한 말레스베노스타Mallesvenosta에 이르기까지, 이탈리아의 시골 마을들은 세상 어느 곳보다 독특하고도 매혹적인 문화를 보유하고 있다. 이탈리아의 아름다움이야 지구촌 가족 모두가 인정하는 바이지만, 전 세계 수많은 도시와 시골을 둘러본 나의 주관적인 생각에 기대어 감히 말하자면, 이탈리아 최고의 시골 마을은 바위산 위에 자리한 오르비에토Orvieto다. 이유인즉, 과거뿐 아니라 현재와 미래까지 볼 수 있는 고장이기 때문이다.

오르티에토 마을에 가려면 길고 가파른 계단을 오르거나 굵은 쇠줄

이 꾜는 독특한 미니 열차를 타야 한다. 마을로 들어가는 길목에서는 마치 과거로 떠나는 시간 여행인 듯 느껴지기도 한다. 아날로그 시티의 성지, 오르비에토는 지형학적인 위치로 인해 중세 때는 번성을 누렸던 곳이다. 반경 2킬로미터에 달하는 마을 전체가 성곽으로 둘러싸여 있어 옛 모습이 완벽하게 보존되어 있다.

오르비에토의 고즈넉한 골목과 멋진 광장을 걷다 보면 맨 먼저 감지되는 것은 쾌적한 공기다. 바위산 위라는 지형적인 특징도 무시할 수 없겠지만, 이토록 공기가 깨끗한 데는 다른 이유가 있다. 자동차를 찾아볼 수 없는 마을이기 때문이다. 일명 아날로그 마을이라고 불리는 오르비에토에서는 특별한 경우를 제외하면 자동차를 찾아볼 수 없다.

자동차가 없는 마을, 그것은 눈으로 확인할 수 없는 현상일 뿐. 실제로 오르비에토의 가정마다 한두 대의 차량을 보유하고 있다. 하지만 마을 어디서도 자동차를 쉽게 볼 수 없다. 이곳 주민들의 자동차가 마을 외곽 주차장과 지하 주차장에 있기 때문이다. 이것은 마을의 쾌적한 주거 환경을 위해 주민들이 뜻을 모은 결과다.

건강한 삶을 위한 주민들의 노력은 비단 자동차 이용을 억제하는 것으로 그치지 않는다. 그들의 식탁에 매일 오르는 음식 또한 철저하게 옛날 방식으로 재배한 것들이다. 몇 해 전부터 우리 식탁과 삶에 열풍으로 몰아쳤던 웰빙 문화의 시발점이 이곳이다. 아날로그 식문화의 성지, 오르비에토의 상징은 '로르티 소살리'라 부르는 공동 텃밭이다. 마을 서쪽 가파른 계단 아래 조성된 텃밭은 주인이 따로 없다. 마을 주민들과 마을을 찾아오는 방문객 누구나 흙을 만지며 자연을 느낄 수 있도록 항상 개

Orvieto

방되어 있다. 이쯤 되어야 진정한 웰빙이라 말할 수 있지 않을까? 개방은 고사하고 엄청난 보물인 양 철저하게 통제하는 우리 현실과는 너무 먼 이야기다.

이곳 공통 텃밭에서는 화학비료와 농약을 사용하지 않는다. 오직 자연에서 얻을 수 있는 퇴비만으로 채소를 재배한다. 텃밭에서 만난 중년 부인에게 마을 외곽에 이런 공동 텃밭을 만든 이유를 묻자, "주민들이 수시로 방문해 흙의 소중함을 직접 체험할 수 있게 하기 위해서"라고 대답했다.

공동 텃밭에서 생산된 식재료로 만든 음식은 오르비에토 주민뿐만 아니라 이곳을 찾은 방문객들도 맛볼 수 있다. 내가 묵었던 아담한 호텔에서 제공되는 식사와 간식도 모두 마을 텃밭에서 생산한 유기농 채소와 이웃 마을에서 가져온 육류와 가공품으로 조리한 것들이었다. 친환경 먹을거리의 중요성을 인식한 경기도와 일부 지자체에서는 올해부터 우리 아이들에게 유기농 친환경 식품으로 만든 음식을 제공하기로 했지만, 오르비에토에서는 이미 20여 년 전부터 마을 공동 텃밭에서 재배되는 유기농 채소와 과일을 초등학교와 중학교의 급식 재료로 제공하고 있었다.

오르비에토 레스토랑에서 제공되는 음식도 하나같이 유기농이다. 마을에서 생산되는 식품이나 음식이 모두 유기농인 것은 애초에 생산량을 늘리겠다는 욕심 없이 농약이나 화학비료 같은 것을 전혀 사용하지 않았기 때문이다.

오르비에토의 자랑거리 중 절대 빼놓을 수 없는 것은 마을에서 재배

· 오르비에토 마을의 와인 가게 앞에 전시된 와인들
: 옛 모습 그대로 보존된 오르비에토 거리를 걷는 사람들

하는 와인과 슬로푸드다. 좁은 골목을 따라 늘어선 가게에서 쉽게 접할 수 있는 와인은 하나같이 유기농 포도를 이용해 생산한 제품으로, 방문객들이 선호하는 물건 목록 맨 앞자리를 차지한다.

오르비에토를 걷다 보면 이곳의 특별한 풍경을 발견할 수 있다. 마을 곳곳을 아무리 둘러보아도 새롭게 지어 올린 건물을 찾아볼 수 없다는 것이다. 이는 바람이 흐르는 방향을 최대한 확보하기 위해서라고 한다. 내가 방문했을 때처럼 지금도 오르비에토 마을에서는 크고 작은 공사가 진행되고 있겠지만, 공사라고 해봐야 옛 건물을 보수하는 정도가 전부다. 오르비에토가 세계적인 아날로그 타운으로 부각되면서 인근 마을들에 새로운 호텔과 휴양 시설이 들어서고 있지만, 오르비에토 마을만큼은 옛것을 그대로 지켜가고 있다.

오르비에토는 주민들의 독특한 생활 패턴으로도 유명하다. 흥미로운 점은 마을을 찾는 방문객도 이곳 주민의 생활 패턴에 맞춰야 한다는 것. 무엇보다 눈에 띄는 것은 주민들의 활동 시간대다. 이른 아침부터 부지런히 하루를 시작하지만, 정작 방문객이 많이 찾는 낮 12시부터 오후 3시까지는 레스토랑과 카페를 제외한 모든 가게가 문을 닫는다. 한창 수익을 올려야 할 시간에 문을 닫는 것은 오로지 점심식사를 즐기기 위해서다.

보통 사람들은 점심식사에 한 시간 남짓한 시간을 소요하지만, 이곳 주민들은 좀 다르다. 저녁식사가 아닌 점심을 즐기는 데 세 시간이나 할애한다. 물론 이들이 세 시간 내내 식사를 하는 것은 아니다. 이곳 주민들의 점심시간이 이토록 긴 것은 식사 후 휴식을 취하거나 잠시 낮잠을 즐기기 위함이다. 이런 생활 패턴은 오랜 세월 전해져 내려온 것으로, 이곳에 살거나 잠시 머무르는 사람 누구나 자연스럽게 받아들인다.

피렌체와 로마 사이에 위치한 마을, 오르비에토는 욕심을 좇아 바쁜 일상을 살아가는 우리에게 많은 것을 시사해준다. 오르비에토는 로마와 베네치아처럼 유적지가 있는 것도 아니고 밀라노처럼 화려한 쇼핑몰이 있는 것도 아니다. 그저 평범한 시골 마을이다. 하지만 대대로 내려온 전통적인 생활 방식과 마을 고유의 모습을 지키려는 사람들의 터전, 오르비에토는 진정한 삶과 행복이 무엇인지 잠시나마 돌이켜 보게 하는 곳이다.

영국 ···▶ 헤이온와이

드넓은 들판에서 풀을 뜯고 있는 양떼, 나무 그늘 아래 쉬고 있는 젖소 가족, 담장이라고 하기에는 너무 낮은 돌담. 영국의 시골 마을은 어디든 정겹고 편안하지만 웨일스 지방 동쪽의 작은 농촌, 헤이온와이Hay on Wye만큼 매력적인 곳도 드물다. 외관만 보면 그저 평범한 농촌이겠거니 싶지만, 헤이온와이는 온 세상의 헌책들을 모두 모아놓은 듯 온갖 책들로 넘쳐나는 헌책 마을이다. 책을 사랑하는 이들에겐 온종일 발품 팔아 둘러보아도 성에 차지 않을 보물섬이다.

완만한 구릉을 따라 펼쳐진 농장, 큰길과 골목에 늘어선 책방들, 책을 고르는 방문객, 휴식을 제공하는 카페와 민박집. 헤이온와이의 모든 것

이 정겹다. 고향처럼 푸근한 헤이온와이는 몇십 년까지만 해도 자랑거리랄 만한 게 없는 평범한 농촌이었다. 이런 마을에 지구촌 가족의 시선이 집중된 것은 하나둘 책방이 들어서면서부터다.

고유한 문화와 언어를 지키며 살아가는 주민들의 터전, 웨일스의 헤이온와이. 나지막한 산과 구릉이 어우러진 목가적인 마을에는 일 년 365일 헌책을 판매하는 서점들이 곳곳의 큰길과 골목을 따라 자리하고 있다. 헌책 시장, 아니 아예 헌책 마을이라 부르는 게 더 적절하겠다. 1000여 명이 거주하는 마을에는 대학 도서관을 방불케 할 정도로 많은 장서를 보유한 대형 서점부터 이제 막 문을 연 소박하고 작은 서점까지, 서른여 개가 조금 넘는 책방들이 길 가는 사람들의 발길을 잡아끈다. 규모도 제각각이고 저마다 개성도 있지만, 헤이온와이 마을 서점들의 한 가지 공통점은 거의 모두가 헌책을 취급하는 헌책방이란 것이다. 하지만이 책 저 책 아무 헌책이나 되는대로 모아놓은 것이 아니라 나름의 전문 분야가 있는 분야별 도서 총판점이다. 철학과 종교 서적만 취급하는 헌책방이 있는가 하면, 인문사회, 자연과학, 미술, 사진, 영화, 연극 분야의 책만 고집스레 취급하는 책방도 있다.

헤이온와이 마을에서 거래되는 헌책의 거래량은 상상을 초월한다. 정확한 수치는 알 수 없지만 일 년에 대략 1000만 권 이상의 헌책이 팔려나가고 있고, 매년 판매량이 급증하는 추세다. 이 작은 농촌 마을이 지상 최대의 헌책방이란 사실을 누구도 부인하지 못하게 하는 엄청난 수치다.

책방마다 전문 분야가 다르듯 거래 방법과 규모도 제각각이다. 마을

311

Hey On Wye

· 폐허가 된 고성을 활용해 만든 헌책방
: 헌책들이 빼곡히 들어찬 헤이온와이의 헌책방 내부

에서 맨 처음 책방을 운영하기 시작한 리처드 부스Richard Booth 씨의 책
방에는 자그마치 50만 권이 넘는 헌책이 새로운 주인을 기다리고 있다.
사진작가인 그의 아내가 운영하는 고성의 책방도 규모가 비슷하다. 거
기다 리처드 씨가 운영하는 또다른 서점의 책까지 합하면, 보유 장서가
200만 권이 넘는다. 헤이온와이 책방들의 규모가 모두 이렇게 큰 것은
아니다. 이곳에 새롭게 문을 연 책방의 경우, 보유 권수가 겨우 몇백 권
에 불과한 책방도 여러 곳 있다.

영국의 명문 옥스퍼드 대학을 졸업한 리처드 씨는 좋은 직장을 마다
하고 대학을 졸업하자마자 고향으로 달려와 헌책방을 열었다. 그는 영
국은 물론 미국, 유럽, 아시아, 그리고 아프리카까지 좋은 책이 있는 곳
이라면 장소를 가리지 않고 달려갔다고 한다. 리처드 씨의 이러한 열정
과 노력은 그도 모르는 사이 헌책 상인들과 책을 사랑하는 사람들에게
그대로 각인되었다. 그의 기발한 발상에서 시작된 헌책방은 세월이 지
나면서 웨일스의 작은 시골 마을, 헤이온와이를 세계적인 명소로 만들
어놓았다.

네모반듯하고 번듯한 서점을 기대할지도 모르지만, 헤이온와이의 서
점들은 건물 안팎에 자유롭게 자리하고 있다. 헤이온와이의 들판에 눈
부신 햇살이 쏟아지는 봄부터 가을까지는 13세기 때 처음 모습을 드러
낸 고성古城의 뜰과 마을 광장에서 야외 책방이 열린다. 자유롭게 휴식
을 취하면서 필요한 책을 살펴볼 수 있도록 꾸며놓은 야외 책방은 책을
사고파는 헌책방이라기보다는 종합 문화 공간이라는 말이 더 어울린다.
낭만적인 젊은 악사들의 연주를 감상하며 책을 보거나 아예 잔디밭에

드러누워 독서를 즐기기도 한다. 어린아이와 청소년들이 부모와 함께 이곳 책방과 정원에서 즐거운 시간을 보내는 모습도 종종 볼 수 있다.

헌책도 헌책이지만, 많은 이들이 헤이온와이에 주목하는 또다른 이유가 있다. 그것은 바로 마을 전체가 거대한 재활용 공간이란 사실이다. 헤이온와이의 헌책방들은 헌책만큼이나 오래된 건물을 보수해 활용하고 있다. 폐허가 된 성, 해묵은 극장, 옛 학교 건물, 그리고 소방서와 파출소에 이르기까지. 헤이온와이 주민들이 새 건물을 짓기를 거부하는 데에는 경제적인 이유도 있겠지만, 환경 파괴를 최소화하려는 깊은 의도가 숨겨져 있다.

세계 주요 언론에서 헤이온와이의 친환경적인 사례를 보도하면서 방문객이 급증했고, 이들의 발길이 이곳 주민의 삶을 풍요롭게 바꿔놓았다. 한두 곳씩 문을 열게 된 헌책방은 이미 서른 곳을 넘어섰고, 주민들은 새로운 업종을 개척하기에 이르렀다. 이런 발전이 거듭되면서 지금은 오래된 음반이나 악기를 파는 가게만 해도 스무 곳이 넘고, 카페와 레스토랑, 편의점 등을 합하면 100곳이 넘는다.

헌책방의 성공은 일부 상인들만 부자로 만들어준 것이 아니다. 헌책을 사려고 몰려드는 상인과 방문객이 머물 숙소가 터무니없이 부족해지면서, 주민들은 자기 집 빈방을 B&B^{Breakfast & Bed, 서양식 민박}로 활용하면서 자연스럽게 경제적인 열매를 공유하게 되었다. 헌책방뿐만 아니라 농가의 살림살이까지 넉넉해진 헤이온와이 마을은 인근 마을은 물론이고 웨일스 지방을 통틀어 가장 큰 풍요를 누리고 있다.

론 계곡에 자리한 작은 농촌, 불과 몇십 년 전까지만 해도 그저 평범

315

· 공원을 연상시키는 헌책방의 자유로운 사람들 속에 헤이온와이 헌책방을 탄생시킨 리처드 씨가 차를
마시고 있다

하고 조용한 마을이었던 헤이온와이가 국제적인 명성을 얻고 살기 좋은 고장으로 자리매김할 수 있었던 것은 고향을 사랑하는 뜻 있고 유능한 청년이 있었기에 가능했다. 더불어 그를 믿고 함께 노력해 준 주민들이 있었기 때문이기도 하다. 이들이 없었다면, 지상에서 가장 크고 멋진 헌 책방은 만날 수 없었을 것이다.

브루나이 ⋯▶ 캄퐁아예르

여행 중독에서 헤어나지 못하는 지인들에게 낯선 곳을 찾아 떠나는 이유를 물으면 십중팔구는 시원하게 대답하지 못한다. 나 또한 별반 다르지 않다. 하지만 나의 여행 목적 중 하나로 빼놓을 수 없는 것은 다른 문화 속에서 살아가는 사람들과의 조우다. 이런 측면에서 동남아시아의 작은 왕국, 브루나이의 캄퐁아예르Kampong Ayer는 내 목적에 부합하는 여행지라 말할 수 있다.

캄퐁아예르는 우리에겐 조금 생소한 곳이지만 여행 마니아들 사이에서는 잘 알려진 명소다. 나무다리 위를 걷다 마주치는 주민, 담장도 없이 다닥다닥 붙어 있는 목조 주택, 그리고 순박한 미소를 간직한 사람들이 살아가는 캄퐁아예르. 이웃과 이웃을 이어주는 나무다리를 걷다 보

면 사소한 것의 소중함을 자연스레 느끼게 된다.

지난 봄, 동남아시아를 대표하는 부국, 브루나이를 찾았다. 몇 해 전 이미 방문한 기억을 더듬어 수상촌 캄퐁아예르를 찾아갔다. 원주민 말로 '물의 마을'이란 의미를 간직한 캄퐁아예르는 처음 대면했을 대의 모습 그대로 바다 위에 떠 있었다. 자그마한 섬을 중심으로 커다란 타원형을 이룬 마을은 갖가지 원색이 대비되는 한 폭의 풍경화 그 자체였다.

브루나이의 수도 반다르스리브가완Bandar Seri Begawan에서 캄퐁아예르까지는 배를 이용해 단 2분이면 갈 수 있다. 브루나이 전체 인구의 약 10퍼센트가 거주하는 캄퐁아예르는 말레이시아, 캄보디아, 베트남, 태국에서 접할 수 있는 수상 가옥과는 차원이 다르다. 바다와 강이 만나는 곳에 형성된 마을은 육지의 마을과 비교해 모자람이 없다. 아니, 어쩌면 육지 마을보다 훨씬 더 여유로움이 감지된다고 할 수 있다.

캄퐁아예르를 찾는다면 먼저 배 운전자에서 하선할 위치를 알려야 한다. 캄퐁아예르에는 여느 수상 마을과 달리 선착장만 쉰 곳이 넘기 때문이다. 공식적인 선착장에다 공공기관과 개인 선착장까지 합하면 수백 곳에 달한다.

선착장과 가옥, 이웃과 학교, 공공기관은 수많은 나무다리로 사통팔달로 연결되어 있다. 수상 마을 사이로 난 얽히고설킨 나무다리는 수백 미터에 이르는 것부터 십여 미터에 불과한 것까지 무척 다양하다. 수상 마을의 길에 해당하는 이 나무다리의 전체 길이는 수십 킬로미터에 달한다. 간혹 배를 타고 이웃과 학교를 오가는 주민과 학생도 있긴 하지

· 부모 대신 어린 동생을 돌보는 소녀들
: 주변에서 쉽게 구할 수 있는 재료와 생활용품으로 꾸민 집
· 아침에 잡은 생선을 판매하는 모녀. 캄퐁아예르의 시장에
서는 다양한 생필품이 거래된다
:: 기타 연습 도중 포즈를 취해주는 청년들

만, 캄퐁아예르에서 살아가는 주민이라면 누구나 나무다리를 통해 이웃과 마을을 오간다.

캄퐁아예르의 수상 가옥들은 가족 구성원과 경제력에 따라 다르지만, 하나같이 넓어서 보통 서너 칸의 방과 응접실을 갖추고 있다. 방이 열 칸이 넘는 집도 꽤 많다. 이런 커다란 목조 주택을 일명 '롱하우스Long House'라 부른다. 롱하루스는 600년 역사를 간직한 수상촌의 상징이다. 육지가 아닌 수상촌에 이토록 커다란 주택이 많은 것은 오래전부터 이어져온 대가족 제도가 만들어낸 결과물이다. 이곳 주민들은 보통 할아버지부터 손자까지 삼대가 함께 살고 있다. 드물긴 해도 각자 가정을 이룬 형제들이 한집에서 부모를 모시고 함께 사는 경우도 어렵지 않게 접할 수 있다.

캄퐁아예르의 나무다리를 걷다가 잠시 그늘에 서서 땀을 닦고 있으면, 어김없이 주민들이 나타나 잔잔한 미소와 함께 컵을 내민다. 그들이 내민 컵에는 시원한 얼음 음료가 담겨 있다. 그것도 모자라서 때로는 낯선 이방인을 그들의 집으로 기꺼이 맞아들여준다. 세계 여러 곳을 돌아다닌 나의 경험에 따르면, 일면도 없는 이방인에게 따뜻한 친절을 베푸는 이들은 하나같이 경제적으로 넉넉하지 못한 사람들이다. 하지만 남에게 베풀지 못할 만큼 가난한 사람은 없다는 말처럼, 그들은 가진 것은 적을지언정 마음만큼은 부유한 사람들이다.

물 위에 집을 짓고 살아가는 주민들의 주 소득원은 어업이다. 남자들이 바다에 나가 잡아 온 생선은 가족이 먹을 만큼만 빼놓고 시장에 내다 판다. 잡아 온 생선을 판매하는 일은 아낙들의 몫이다. 매일 아침 그들은 반다르스리브가완 자유 시장의 노점이나 가판대에서 생선을 판다. 생선 가격은 브루나이 물가에 비해 저렴한 편이다. 3~5킬로그램에 달하는 광어와 돔은 10불 수준이고, 잡어는 더 저렴하다.

아낙들이 생선을 팔아 필요한 생필품을 구입하는 동안 남자들은 출항을 위해 그물을 손질하거나 여가를 즐긴다. 캄퐁아예르 주민들이 선호하는 여가는 세대에 따라 확연히 구분된다. 나이 지긋한 연령층은 장기와 바둑으로 시간을 보내고, 젊은이들은 음악과 게임을 즐긴다.

소박한 주민들의 삶의 터전인 수상촌을 둘러보다 보면 한정된 공간을 활용하는 주민들의 지혜를 목격할 수 있다. 나무다리 기둥을 이용해 빨래를 말리고 자투리 공간을 활용해 화초를 가꾸거나 구멍가게를 꾸리기도 한다. 생활의 지혜가 돋보이는 것 중에서 특히 눈에 띄는 것은 미적 감각과 능력을 십분 발휘해 개성 있게 꾸며놓은 집들이다. 집의 크기를 떠나 정성 들여 가꿔놓은 삶의 정취는 그 어떤 것보다 정겹다.

언제부터인가 몸을 바삐 움직이는 것이 미덕이 되어버린 우리에게 캄퐁아예르 사람들은 삶의 속도를 돌아보게 한다. 무더운 태양을 피해 지친 몸을 쉬는 나그네에게 시원한 물 한 잔을 건네는 아낙, 길을 잃고 헤매는 낯선 사람에게 기꺼이 길을 안내해주는 소녀, 즉석에서 기타를 연주해주는 청소년, 삼삼오오 모여서 휴식을 즐기다 미소로 반가움을 표하는 노인들. 손꼽을 명소는 없지만, 캄퐁아예르 수상촌에는 소박하고 정겨운 사람들이 살고 있다.

Kampong Ayer

웅장한 대자연과 전통이 공존하는 아프리카 속 스위스
짐바브웨 ⋯▸ 빅토리아펄스

1855년 스코틀랜드 출신의 탐험가, 데이비드 리빙스턴David Livingston이 발견해 세상에 처음 모습을 드러낸 빅토리아 폭포Victoria Falls. '빅토리아'는 리빙스턴이 영국 여왕 빅토리아의 이름을 따서 명명한 것이다. 세계 3대 폭포 중 하나인 빅토리아 폭포를 두고 짐바브웨 주민들은 '빅토리아 폭포', 잠비아 주민들은 '리빙스턴 폭포'라고 부른다. 아름다운 빅토리아 폭포 때문에 지명까지 '빅토리아펄스'인 이곳은 대자연의 웅장함과 아프리카의 전통을 동시에 엿볼 수 있는 곳이다.

이 책에 수록된 세계 시골 마을 중에서 유일하게 정기편 항공기가 취항하는 빅토리아펄스. 수만 년 동안 이곳에서 살아온 남아프리카 토착

민인 콜롤로로지족은 빅토리아 폭포를 '천둥치는 연기'라는 뜻의 '모시오아 퉁야Mosi Oa Tunya'라고 부른다. 반대쪽 절벽 끝에서 내려다볼 수 있을 뿐이고, 멀리서는 뿌연 물보라만 보이는 데다가 천둥치는 듯한 굉음 밖에는 들리지 않기 때문이다. 세계적인 명성을 누리는 폭포 덕분에 항공기가 취항하지만 빅토리아펄스는 도시보다는 마을에 가깝다.

아프리카 짐바브웨와 잠비아의 경계를 흐르는 잠베지Zambezi 강에 자리한 빅토리아 폭포를 감상하려면 두 나라를 잇는 긴 다리 위가 제격이다. 건기와 우기에 따라 다르지만 폭포의 폭은 연중 1500~1700미터를 유지하고, 낙차는 지형에 따라 108~150미터에 달한다. 수량은 미국과 캐나다 사이에 걸쳐 있는 나이아가라 폭포보다 두 배나 많다. 이렇게 엄청난 수량을 자랑하는 폭포가 빚어내는 물보라는 천혜의 장관이다. 평균 높이가 20미터에 이르며 가장 높이 솟구치는 물줄기는 서울 남산보다 높은 350미터까지 치솟아 오르기도 한다. 더욱 믿어지지 않는 사실은 65킬로미터쯤 떨어진 곳에서도 빅토리아 폭포의 물보라를 볼 수 있다는 것이다.

빅토리아 폭포를 따라 조성된 관람 도로를 걷다 보면 장마 빗줄기 한복판에 서 있는 기분이다. 계절따라 차이는 있지만 우산으로는 엄청난 물보라를 막을 재간이 없다. 이곳에서는 물에 젖지 않을 생각일랑 일찌감치 접어두는 게 현명하다.

빅토리아 폭포는 한낮보다는 이른 새벽 시간에 찾아가는 것이 좋다. 여명이 밝아올 무렵에는 폭포 뒤편에서 떠오르는 환상적인 풍광과 더불어 잠에서 깨어나 물을 찾아 이동하는 동물들까지 덤으로 볼 수 있기 때

문이다. 물론 야생동물과 맞닥뜨릴 상황에 대비해 무장한 관리원과 동행하는 것은 필수다. 이른 아침 마주한 폭포는 태양이 중천에 떠 있는 시간에 바라본 것과는 비교할 수 없다. 빅토리아 폭포와 태양이 만들어내는 핑크빛 물보라는 이구아수 폭포나 나이아가라 폭포에서 느끼는 것과는 또다른 감동을 안겨준다.

보면 볼수록 신의 위대한 창조력에 고개가 절로 숙여지는 빅토리아 폭포는 데블스캐터랙트Devil's Cataract, 메인폴스Main Falls, 홀스슈폴스Horseshoe Falls 등 꽤 많은 폭포로 구성되어 있다. 시선이 머무는 곳마다 탄성을 자아내게 하는 폭포들이지만 그중 최고를 꼽으라면 리빙스턴 섬Livingston Island과 캐터랙트 섬Cataract Island 사이에 걸쳐 있는 메인폴스를 빼놓을 수 없다. 폭 500미터가 넘는 메인폴스는 주변에 섬과 숲이 조성되어 있고, 태양의 위치와 물보라의 크기에 따라 전혀 다른 신비로운 풍경을 연출해 관광객들을 무아지경으로 몰아넣는다.

빅토리아펄스를 언급할 때면 놓칠 수 없는 것이 작은 배를 타고 잠베지 강과 폭포 주변을 둘러보는 크루즈다. 하지만 폭포에서 떨어지는 거센 물줄기 때문에 배나 유람선을 타고도 폭포 아래를 둘러볼 수는 없다. 빅토리아펄스의 크루즈는 일반 크루즈와는 조금 다르다. 편안한 휴식과 함께 즐기는 멋진 공연이나 맛깔스러운 음식은 기대할 수 없다. 대신 잠베지 강으로 저무는 황홀한 석양과 잠베지 강에 서식하는 누, 기린, 야생 멧돼지, 하마, 악어를 만날 수 있다. 운이 따를 때는 물 찾아 나들이를 나온 코끼리 가족도 볼 수 있다.

폭포와 잠베지 강 주변 지역이 대자연을 몸으로 체험할 수 있는 곳이

Victoria Falls

공예품 가격을 흥정하고 있는 관광객과 원주민
춤을 추는 빅토리아펄스의 원주민, 칼롤로로지족

라면, 빅토리아펄스는 태초의 원주민 칼롤로로지족의 삶을 엿볼 수 있는 공간이다. 아프리카 원주민이 모두 가난하고 미개한 삶을 살아갈 거라 생각한다면 그것은 오해다. 특히 빅토리아펄스에 터전을 잡고 살아가는 주민들은 다른 아프리카 지역에 비해 경제적으로 풍요롭고 교육 수준도 높다. 그들은 관광객을 비롯한 외부인을 대상으로 여행업을 하거나 음식점을 운영하고, 각종 토산품을 만들어 판매하면서 삶을 꾸려나간다. 초반만 해도 수익 사업의 기반이 미약했지만 시간이 지날수록 점차 확대되어 지금은 국가 경제의 한 축을 담당하고 있다.

또한 빅토리아펄스 주민들은 관광객에게 보다 많은 볼거리를 제공하기 위해 자신들의 문화를 바탕으로 다양한 볼거리와 먹을거리를 제공하고 있다. 빅토리아펄스의 많은 호텔과 레스토랑뿐 아니라 마을에서도 특별한 공연을 수시로 볼 수 있다.

빅토리아펄스에서 관광객을 상대로 경제적인 수익을 얻는 곳은 비단 호텔과 레스토랑뿐만이 아니다. 달러와 유로를 현지 화폐로 환전해주는 환전상과 다양한 직종의 종사자들도 경제활동에 적극 참여하고 있다. 하지만 여러 직종 가운데서도 많은 주민이 참여하는 업종은 조각품을 제작하고 판매하는 일이다. 정확한 자료는 없지만 상당수의 주민이 돌이나 나무로 조각품과 토산품을 만드는 일에 종사하고, 이들 장인의 제품을 판매하는 상인도 제법 많다. 이렇게 많은 이들이 공예품 제작, 판매에 나서는 것은 다른 직종에서 일하는 주민에 비해 적게는 곱절, 많게는 수십 배에 달하는 수익을 얻을 수 있기 때문이다.

빅토리아 폭포 여행의 관문이자 거점 도시인 빅토리아펄스는 아프리카의 여느 마을과 비슷해 보이지만 그 안의 삶은 전혀 다르다. 아프리카의 스위스 같은 곳, 빅토리아펄스가 특별한 것은 풍요로운 삶을 추구하기 위해 무슨 일이건 주어진 일에 최선을 다하는 원주민들이 있기 때문이다.

우크라이나 ···▶ 풍속 마을

옛 소비에트연방으로부터 독립한 지 30주년을 맞은 우크라이나에는 개성 넘치는 마을이 즐비하다. 자랑거리가 넘쳐나는 많은 마을 중에서 가장 우크라이나다운 마을을 꼽으라면 천년 고도, 키예프Kiev 외곽에 자리한 풍속 마을Folk Village을 꼽을 수 있다. 드네프르Dnepr 강과 드넓은 들판을 배경으로 자리한 풍속 마을은 유서 깊은 우크라이나를 경험하기에 그만이다.

키예프에서 자동차를 타고 30분쯤 달리면 울창한 숲을 끼고서 드넓은 구릉에 터를 잡은 우크라이나 풍속 마을이 나온다. 여의도 면적의 열 배가 넘는 어마어마한 대지에 자리 잡은 풍속 마을은 전통 농가들을 중

심으로 학교, 상점, 카페, 종교 건축물, 대장간, 예술가의 아틀리에 등이 들어서 있다. 마을 농가와 목조 건축물을 보면 여느 마을과 다를 것 없어 보인다. 하지만 조금만 관심을 기울이면 저마다 독특한 개성을 지닌 건축물임을 확인할 수 있다.

넓은 땅에 비해 마을 주민의 수는 몇백 명에 불과하다. 그들이 이곳에 둥지를 틀기 시작한 것은 16세기부터다. 그 뒤로 정부 차원에서 우크라이나 전역에 흩어져 있던 주요 건축물을 이곳으로 옮겨 오면서 지금의 모습을 갖추게 되었다.

키예프의 풍속 마을에는 자랑거리가 많다. 그중에서도 손꼽히는 것은 우리나라와 마찬가지로 계절따라 전혀 다른 모습을 드러내는 풍광이다. 이곳에도 봄이면 지천에 야생화가 피고, 여름에는 녹색의 향연이, 가을이면 황금색 들판이, 그리고 겨울에는 사람들의 발길이 뚝 끊길 정도로 매서운 추위가 몰아친다.

풍속 마을 최고의 볼거리는 농가다. 현재까지 남아 있는 농가 중에는 지어 올린 지 400년이 넘는 농가가 여러 곳 있다. 슬라브족의 전통문화가 살아 있는 민속촌인 셈이다. 농가의 오랜 역사도 무시할 수 없지만 그보다 더 중요한 것이 있다. 바로 농가의 예술성과 그곳에 깃든 지혜다. 풍속 마을의 농가들은 하나같이 뛰어난 예술성을 지녔고, 작은 공간을 십분 활용하는 지혜는 거듭 경탄을 자아낸다. 엽서 그림같이 정감 넘치는 예쁜 농가들은 어김없이 저마다 독특한 장식품으로 꾸며져 있다. 어떤 농가는 처마 아래 앙증맞은 장식물이 걸려 있고, 또다른 농가에는 벽에 새와 오리 그림이 그려져 있다. 그뿐만이 아니다. 대문과 창틀에

339
Folk Village

예쁜 색이 칠해져 있거나 세련된 감각을 뽐내는 담장과 울타리를 가진 농가도 많다.

농가의 외관 못지않게 실내도 예쁘게 꾸며져 있다. 바깥에서 보는 것만큼 화려하지는 않지만 잘 정돈된 가구와 생활용품은 한눈에도 이곳 농민들의 부지런한 삶을 짐작하게 해준다. 여느 시골 마을처럼 이곳 풍속 마을도 농가를 중심으로 넓은 농지가 형성되어 있다. 하지만 이곳에는 좀 더 특별한 공간이 있다. 작게는 수십 제곱미터부터 넓게는 수백 제곱미터까지 펼쳐져 있는 텃밭이 그것. 텃밭에다 가족이 먹을 채소를 재배하는 것은 우리네와 별반 다르지 않다. 한 가지 다른 점이라면 텃밭 한 귀퉁이를 가정과 교회를 장식할 꽃들을 가꾸는 예쁜 화단이 차지하고 있다는 것이다.

풍속 마을 주민 중 대다수가 농사를 짓지만, 특정한 직종에 종사하는 주민도 꽤 있다. 여러 직업군 가운데 돋보이는 직종은 예술가 그룹이다. 풍속 마을에는 화가, 조각가, 음악가 등의 예술가가 여럿 거주하고 있다. 이들은 집에서 창작 활동을 하는 한편 종종 사람들이 모이는 밖으로 나가 캔버스를 펼쳐놓고 아름다운 마을 풍경을 화폭에 담거나 음악을 연주하기도 한다. 그림이나 조각에 손재주 많은 주민들이 아틀리에를 겸해 운영하는 자그마한 공예품 가게도 몇 곳 있다. 물론 이들 예술가의 활동 목적은 돈을 벌기 위함이다.

풍속 마을에는 주민들의 생활공간만 있는 것이 아니다. 누구에게나 열려 있는 교회도 있고, 자연을 바라보며 편안한 여가를 즐길 수 있는 곳도 있다. 마을 주민의 수는 적지만 멋진 위용을 자랑하는 정교회 건

텃밭의 꽃에 물을 주는 주민. 풍속 마을 대부분의 농가에서 꽃을 재배한다
손수 그린 그림을 보여주는 마을 주민

Folk Village

· 한 장의 엽서를 연상시키
　는 농가의 창문
∶ 개성이 돋보이는 그림과
　장식물로 꾸며진 주택

물도 다섯 곳이나 된다. 목조로 완성된 교회 외관은 서로 비슷하지만 내부는 저마다 색깔이 있다. 어떤 정교회는 소박한 예배 공간이 전부이고, 어떤 곳은 작은 마을 교회인가 싶게 화려한 곳도 있다.

카페와 레스토랑, 상점도 들어서 있다. 대부분의 가게가 일반 주택을 개조해 만들었다. 우크라이나의 아름다운 자연과 운치 있는 풍속 마을이 한눈에 들어오는 터에 자리한 카페와 레스토랑에서는 우크라이나 여러 지방의 토속 음식을 즐길 수 있다.

또 하나, 키예프 풍속 마을에서 놓칠 수 없는 명소는 상쾌한 산책로다. 한적한 숲과 들판을 따라 조성된 풍속 마을의 산책로를 걷다 보면 멋진 농가와 정교회, 그리고 예쁜 가게들과 만나게 된다. 일종의 문화 산책로인 셈이다. 마을의 주요 명소를 연결해놓은 산책로는 이방인들이 풍속 마을의 분위기와 문화를 이해하는 데 더없이 효과적이다.

사람보다 아름다운 것은 없다는 말처럼, 풍속 마을에서 만나는 주민들 역시 이곳의 으뜸 자랑거리다. 낯선 이들을 경계하지 않고 언제나 미소로 맞이하는 그들, 자신들의 보금자리까지 기꺼이 쉼터로 내어주는 그들의 배려는 고마움을 넘어 부러움마저 갖게 만든다. 주어진 삶에 감사하고 열심히 살아가는 키예프 풍속 마을의 주민들. 그들은 삶의 진정한 아름다움을 알고 있었다.

Folk Village

모리셔스 ···▶ 일로세르

　　　　　동화 작가와 동화가 탄생한 무대에 관해 나는 누구보
다 많은 관심을 가져왔다. 그러던 어느 날『톰 소여의 모험』,『허클베리
핀의 모험』,『왕자와 거지』등을 집필한 마크 트웨인Mark Twain을 통해 인
도양의 섬나라, 모리셔스Mauritius 공화국을 알게 되었다. 그가 말년에 저
술한『마크 트웨인 자서전』에는 이런 글귀가 적혀 있었다. "천국은 모리
셔스를 본떴다." 젊은 날, 미국 여행 중에 미시시피 강변에 자리한 작은
시골 마을에서 그의 자서전을 구입한 뒤로 꽤 긴 시간이 지나서야 천사
들이 살고 있는 모리셔스를 찾았다.

　　타히티가 태평양의 진주라면, 모리셔스는 인도양의 진주다. 인도양

서남부, 마다가스카르 섬의 동쪽에 자리한 왕국, 모리셔스는 여느 아프리카하고는 조금 다르다. 척박하고 황량한 들판 대신 짙푸른 바다와 울창한 숲이 어우러진 풍광이 영락없이 태평양의 폴리네시아를 연상케 한다. 저녁놀 빛을 받은 비키니 광고판, 야자수들 사이로 비집고 들어선 주차장 제 몸집만 한 여행용 가방을 옮기는 소년. 모리셔스의 첫인상은 뭐라 표현할 수 없는 어울리지 않으면서도 어울리는 것들과 여유로움의 연속이었다.

저녁놀에 붉게 물든 들판을 헤집고 달리는 셔틀버스 차창 너머로 펼쳐지는 풍광을 바라보노라니, 동화 속을 달리는 기분이었다. 자동차보다 훨씬 웃자란 사탕수수, 70년대 시골 면소재지를 연상시키는 자그마한 마을, 파란색과 붉은색이 교차하는 창공은 여행자의 마음을 사로잡기에 충분해 보였다.

한적한 해변을 어슬렁거리다 바람에 이리저리 몸을 숙이는 야자수와 마주했다. 지금까지 보았던 야자수와는 사뭇 달랐다. 뭐랄까. 흙 속에 뿌리를 내린 야자수가 아니었다. 바람의 세기와 방향에 따라 자유롭게 춤추는 무용수의 생동감이 느껴졌다. 넓은 백사장을 오가며 감미로운 선율을 만들어내는 파도도 예사롭지 않았다.

방금 전까지 붉은색 물감을 풀어놓은 듯하던 바다는 태양이 등장하면서 어느새 쪽빛으로 변해 있었다. 고운 모래 가득한 백사장, 드넓은 수영장과 해변 사이에 자리한 리조트, 야자수가 드리운 그늘. 이곳의 환상적인 풍광을 응시하다 보면 자연스럽게 천국은 모리셔스를 본떴다는 마크 트웨인의 말에 동의하게 된다.

해변과 리조트만 놓고 보면 모리셔스는 타히티와 몰디브에 명함도 못 내밀 정도로 빈약하다. 하지만 모리셔스는 타히티와 몰디브하고는 분명 달랐다. 타히티와 몰디브의 멋진 해변에는 고급 리조트 지역이 조성되어 있는 반면, 모리셔스의 해변은 누구나 자유롭게 오갈 수 있도록 개방되어 있다. 편안한 쉼터가 필요한 외국인 부자들뿐만 아니라, 경제적으로 풍요롭지 못한 모리셔스 자국민도 신이 내린 선물을 마음껏 누릴 수 있도록 섬세하게 배려한 것.

현지인들이 즐겨 찾는 곳은 고급 리조트인 '르 투스룩Le Pou Bssrok' 인근에 자리한 '일로세르Ile aux Cerfs' 비치다. 쪽빛 바다와 넓은 모래사장과 숲이 어우러진 '사슴 섬'이란 뜻의 일로세르 비치는 어린아이들을 동반한 가족이 여가를 보내기에 그만이다. 또한 해양스포츠를 즐기려는 청춘 남녀에게도 더없이 매력적인 장소다. 약간의 비용만 지불하면 카약, 윈드서핑, 수상스키 같은 해양스포츠를 마음껏 즐길 수 있다.

모리셔스 섬 서해안에는 자유롭게 이용할 수 있는 비치가 흩어져 있다. 연인이나 가족끼리 편안하게 수영을 즐기거나 비치발리볼 같은 가벼운 스포츠는 말할 것도 없고 스노클링과 스쿠버다이빙, 그리고 신비로운 바다 속을 걷는 워터워킹도 즐길 수 있다. 태양이 인도양으로 자취를 감추는 저녁이면 리조트와 해변에서는 음악과 춤의 향연이 벌어진다. 반복되는 단순한 리듬과 달리 역동적인 춤사위는 모리셔스의 독특한 문화를 단적으로 보여준다.

모리셔스 공화국의 수도, 포트루이스Port Louis 항구에서 바라본 풍광도 동남아시아의 여느 도시와 별반 다르지 않다. 인도와 아프리카를 잇

Ile aux Cerfs

는 지정학적인 위치 탓인지 아니면 유럽 식민지였기 때문인지, '크레올'이라 불리는 혼혈인이 유독 많이 띈다. 포트루이스를 감상하려면 동쪽의 나지각한 산에 오르는 것이 좋다. 커다란 컨테이너선 대신 주변 섬을 오가는 여객선과 풍요를 상징하는 요트가 정박해 있는 항구는 한 나라의 수도와 무역항이라기보다는 휴양지임을 실감케 해준다.

나는 지도 한 장과 카메라만 들고서, 마크 트웨인에게 천국으로 각인되었던 그곳을 찾아 나섰다. 3~4미터에 달하는 사탕수수가 끝없이 펼쳐진 들판과 이름조차 알 수 없는 나무와 식물이 무성한 내륙의 풍경은 망망대해와 백사장이 어우러진 해변과 대조적이었다. 언뜻언뜻 스쳐 지나가는 풍경은 감탄사를 거듭 토해낼 만큼 아름답지는 않았다. 그러나 미국이나 오스트레일리아의 광활한 대지 풍경과는 좀 달랐다. 형언할 수 없는 묘한 여운을 남겼다.

모리셔스에 머무는 내내 "천국은 모리셔스를 본떴다"는 마크 트웨인의 말이 뇌리를 떠나지 않았다. 모리셔스 섬이 그가 나고 자란 일리노이주의 미시시피 강변과 분위기가 흡사했던 탓일까? 아니면 그가 모리셔스에 그런 의미를 둘 만한 다른 이유가 있는 것일까? 모리셔스의 풍광을 눈에 담고 카메라에 담는 동안에도 의문은 가시지 않았다. 하지만 집으로 돌아와 그의 작품 『톰 소여의 모험』, 『허클베리 핀의 모험』을 다시 읽고서야 해답을 찾을 수 있었다. 그 해답은 태초의 자연을 터전 삼아 살아가는 모리셔스의 선한 사람들이었다. 천국의 원형, 모리셔스에는 천사들이 살고 있었다.

두 눈에 다 담을 수 없는 물빛 하늘의 섬

타히티 ···▶ 모레아 섬

비행기 창으로 들어오는 타히티Tahiti의 풍광은 하얀 캔버스 위에 찍힌 점처럼 아련했다. 환상적인 풍광을 가차 없이 날아가는 비행기를 원망할 새도 없이 에어 타이티 누이Air Tahiti Nui의 바퀴는 활주로에 안착해 있었다. 많은 예술가에게 불멸의 영감을 주었으나 오랜 세월 이방인의 발길을 허용하지 않았던 프랑스령 폴리네시아의 섬나라, 타히티. 그 지명만으로도 여행자의 가슴을 설레게 하는 타히티의 진수를 만끽하려면 모레아Moorea 섬으로 방향을 잡아야 한다. 타히티를 구성하는 여러 섬을 둘러본 나의 경험에 따르면, 모레아 섬만큼 타히티의 진면목을 느낄 수 있는 곳도 없다.

폴리네시아를 순회하는 호화 유람선, '생폴Saint Paul'호 갑판에서 바라본 모레아 섬은 하늘에서 내려다볼 때와는 전혀 달랐다. 하늘을 향해 꼿꼿이 고개를 쳐든 벨베데르Belvédère 산을 중심으로 좌우로 어깨를 나란히 한 웅장한 산과 밀림과도 같은 숲은 어느 섬보다 탁월한 풍광을 연출했다. 세상에서 가장 낭만적인 섬으로 알려진 보라보라 섬Borabora Island과 견주어도 월등하다. 아니, 쪽빛 바다와 멋진 리조트가 중심인 보라보라 섬과 비교하는 것조차 실례가 될 정도다.

섬 둘레가 57킬로미터 남짓한 모레아 섬의 일주 도로를 지나다 보면 벌어진 입을 좀처럼 다물 수가 없다. 시선이 머무는 모든 곳이 경이롭다. 거침없이 펼쳐진 망망대해, 바다인지 하늘인지 모를 물빛 창공, 연둣빛으로 진초록으로 그라데이션되는 숲과 웅장한 산에서 눈을 떼기가 쉽지 않다. 타히티를 찾을 생각이라면, 모레아 섬은 마지막 코스로 찾아가길 바란다. 그렇지 않으면 다른 섬을 둘러보는 것이 얼마나 무의미한 일인지 깨닫게 될 테니까.

모레아 섬을 만나려면 먼저 벨베데르 산으로 방향을 잡는 것이 좋다. 산 중턱의 전망대에서 바라본 풍광은 한마디로 환상적이다. 짙푸른 녹음과 마주한 쿠크Cook's 만, 로투이Rotui 산을 응시하고 있는 오포누Opunohu 만, 바다에 반쯤 잠긴 듯 보이는 리조트가 연출하는 풍경은 낙원이라 표현하기에 부족함이 없다. 시간이 허락한다면 자동차에 잠시 휴식을 허락하고 온갖 종류의 나무가 우거진 등산로를 따라 걸어볼 것을 강력하게 추천하는 바이다. 아마도 얼마 걷지 않아 모레아 섬의 매력에 푹 빠지게 될 것이다.

Moorea

한국전쟁 때 종군 작가로 참전해 『아시아의 목소리』, 『도곡리道谷里 다리』를 발표한 바 있는 미국 소설가 제임스 미치너James Albert Michener는 『남태평양 이야기』라는 단편집에서 이렇게 표현했다. "나는 이를 묘사하기가 불가능하다. 이것은 자연의 넘치는 아름다운 기념물이다." 훗날 이 작품은 〈남태평양〉이라는 제목의 뮤지컬과 영화로 만들어져 우리나라를 비롯해 전 세계적으로 큰 반향을 불러 일으켰다.

장엄한 산과 환상적인 해변이 더없이 경이로운 모레아를 언급할 때면 빼놓을 수 없는 것이 리조트다. 모레아 섬에는 소피텔 이아오라Sofitel Ia Ora를 비롯해 쉐라톤리조트, 펄리조트 등 세계적으로 유명한 고급 리조트가 아홉 곳이나 있다. 이곳 리조트에서는 언제든 바다로 나가 수영과 휴식을 취할 수 있고, 대부분의 객실 안에서 바다 밑 풍경을 직접 감상할 수 있다. 아침저녁으로 만날 수 있는 환상적인 일출과 일몰도 놓칠 수 없다. 특히 해 질 녘 하늘이 비친 바다는 탄성마저 삼키게 한다. 밝은 분홍빛에서 자줏빛을 거쳐 다시 붉은빛으로 변했다가 서서히 흑빛으로 어두워지는 풍광은 그 어떤 말로도 표현할 수 없다.

모레아 섬 리조트에서는 특별한 추억을 담아 갈 수 있다. 여느 섬의 리조트에서 즐길 수 있는 스노클링이나 카누, 카약, 제트보트 등은 기본이고, 규모가 큰 쉐라톤리조트 같은 곳에서는 바다 속 여행이나 돌고래와 시간을 보내는 특별한 체험도 할 수 있다. 물론 돌고래와 어울리려면 간단한 교육을 받아야 한다. 실제로 돌고래와 함께 시간을 보낼 수 있는 곳은 118개로 이루어진 타히티 섬 중 모레아 섬에서만 즐길 수 있는 프로그램이다. 뿐만 아니라 인근의 얕은 바다에서는 커다란 가오리와 함

· 모레아 쉐라톤리조트에서 돌고래와 즐거운 시간을 보내는 모습
: 펄리조트에서 둘만의 시간을 즐기는 모습

· 모레아 섬의 리조트에서 거북이와 함께 스노클링을 즐기는 관광객
: 어느 때나 바다 속을 볼 수 있도록 꾸며진 리조트 객실

께 수영을 즐길 수도 있다.

많은 사람이 이런 호젓한 섬의 리조트를 찾는 것은 아마도 타인의 시선을 의식하지 않고 여유로운 시간을 보내기 위해서일 것이다. 모레아 섬의 리조트 아홉 곳은 여행자의 이런 욕구를 충족시키는 데 부족함이 없다. 가족이나 연인끼리 거닐 수 있는 낭만적인 분위기의 산책로가 있고, 숙소는 각기 독립되어 있어 프라이버시를 보장받을 수 있고, 원하는 시간에 맞춰 룸서비스가 제공되며, 스포츠센터에서는 해양스포츠를 즐긴 뒤 개인 온천과 마사지로 몸의 피로를 풀 수도 있다. 또한 이곳에서 일하는 종업원들은 깍듯한 배려와 서비스 정신으로 투숙객들의 편안한 휴식을 보장해준다.

남태평양을 대표하는 휴양지 타히티에는 개성 넘치는 섬이 많다. 이 많은 섬 중에서 딱 한 곳에서만 머물 수 있는 기회가 다시금 주어진다면, 나는 지조 있게 또다시 모레아 섬을 선택할 것이다. 두 눈에 담아도 믿어지지 않을 만큼 웅장한 산과 환상적인 바다가 어우러진 모레아 섬은 프랑스령 폴리네시아가 얼마나 보석 같은 곳인지 유감없이 보여준다.

스웨덴 ···▶ 갈리바르

'라프족^{사미족}의 땅'이란 의미를 지닌 라플란드Lapland는
유럽 대륙 최북단, 러시아 콜라Kola 반도부터 북부 노르웨이에 걸쳐 있
다. 독특한 자연 생태계와 문화를 보여주는 광활한 라플란드에는 매혹
적인 마을이 여러 곳 있다. 하지만 사미족의 터전인 무두스, 사레크, 스
토라쇼팔레트, 파제란타 국립공원에 인접한 갈리바르Gallivare만큼 독특
한 풍광과 문화를 접할 수 있는 곳도 드물다.

스톡홀름 중앙역에서 스웨덴을 횡단해 지상에서 가장 높은 위도에 자
리한 기차역에서 노르웨이 나르비크Narvik행 특급열차에 올랐다. 5년 전
얼음호텔 촬영차 키루나Kiruna를 찾을 때는 비행기를 타고 가느라 북구

의 음산한 풍경을 접할 수 없었다. 기차는 음속으로 질주하는 비행기보다 빠르지 않고, 구석구석 둘러볼 수 있는 자동차보다 기민하지도 않다. 하지만 어떤 교통수단보다 매력적이다. 시야로 밀려드는 모든 것에 쉬이 매혹당하는 여행자에게는 더더욱.

차창 너머로 펼쳐진 스칸디나비아의 풍경은 한 폭의 수묵담채화였다. 노랑, 빨강, 감색, 초록이 연출하는 멋진 풍광을 두 시간쯤 감상하자 들판과 나무 사이로 하얀 눈이 보이기 시작했다. 그리고 기나긴 북구의 밤이 이어졌다. 기차는 유독 낮게 흐르는 듯 보이는 은하수 아래를 달리다 이른 아침 북구의 정취를 고스란히 품은 갈리바르에 멈춰 섰다.

오전 7시를 가리키는 시곗바늘이 무색할 정도로 어두웠다. 작은 기차역 앞에 자리한 아담한 호텔과 건너편 차량에서 발산되는 광적, 그리고 아침까지 빛을 잃지 않은 별들을 제외하고는 사방이 암흑이었다. 기차역 앞 호텔에 짐을 풀고 렌터카를 인수하기 위해 마을 길을 걸었다. 북구의 상징처럼 되어버린 붉은색 가옥들이 듬성듬성 자리 잡고 있는 마을은 오래전 TV에서 보았던 풍경과 꼭 같았다.

북구의 마을은 스산함 그 자체다. 늦가을이나 겨울에 이 스산함에 홀리듯 북구를 찾는 이들도 많겠지만, 나의 경우엔 조금 다르다. 내가 이 혹독한 추위 속에서 찾으려는 것은 사진에 담을 만한 특별한 이벤트나 분주한 가슴을 내려놓고 여유롭게 바라볼 수 있는 북구의 아름다움 때문이다. 그리고 갈리바르에 있는 여러 국립공원도 이곳으로 발길을 이끄는 것들 중 하나다.

이곳 라플란드는 후기 빙하 시대에 형성되었다. 핀란드의 라플란드가

평탄한 지형인 데 반해 스웨덴에 걸쳐 있는 라플란드 지역은 험준한 산과 계곡이 주를 이룬다. 산과 산 사이의 U자 협곡에서는 아직도 빙하의 지속적인 침식 작용이 일어나고 있다.

스웨덴 라플란드의 중심은 복합유산 지역 내륙 깊숙이 자리한 스토라 쇼팔레트 국립공원이다. 주차장에 차를 세워놓고 하늘을 향해 일직선으로 자란 로지폴소나무lodge-pole pine 숲길을 걸으니, 코끝을 자극하는 공기가 예사롭지 않다. 로지폴소나무가 뿜어내는 솔향이 단숨에 허파까지 파고든다. 정신까지 맑게 해주는 신선한 공기를 마시며 두 시간을 걸어서야 마주한 언덕. 해발 1400m라는 고도 표지가 붙어 있는 언덕에 올라서자 호숫가에 자리한 숙소와 멋진 풍광이 시선에 잡혔다. 하얀 눈옷으로 단장한 호수, 너무 먼 탓에 고원처럼 보이는 평평한 산, 로지폴소나무와 침엽수림이 어우러진 호숫가 풍경은 바다에 떠 있는 섬을 연상시켰다.

일 년 중 7개월이 겨울에 해당하는 라플란드의 척박한 환경은 사람의 접근을 엄금했다. 그리고 그것이 동식물의 보고寶庫, 라플란드를 보존하는 데 결정적으로 기여했다. 라플란드 전 지역에서 멸종 위기에 직면한 동물은 말할 것도 없고 진기하고 다양한 생태계 동식물을 만날 수 있다. 라플란드의 자랑거리인 울창한 침엽수림과 로지폴소나무, 흰 자작나무, 가문비나무, 그리고 수많은 이끼류까지. 100여 종이 넘는 독특한 식물과 나무가 라파다렌Lapadalen 삼각주를 중심으로 호숫가 주변에 뿌리를 내리고 있다.

또한 라플란드에는 다량의 조류와 동물도 서식한다. 이곳에 서식하는

365

Gällivare

· 스토라쇼팔레트호텔 지배인 잉엘 융
칸 씨
: 사미족이 독특한 문양을 새겨 넣은
목각

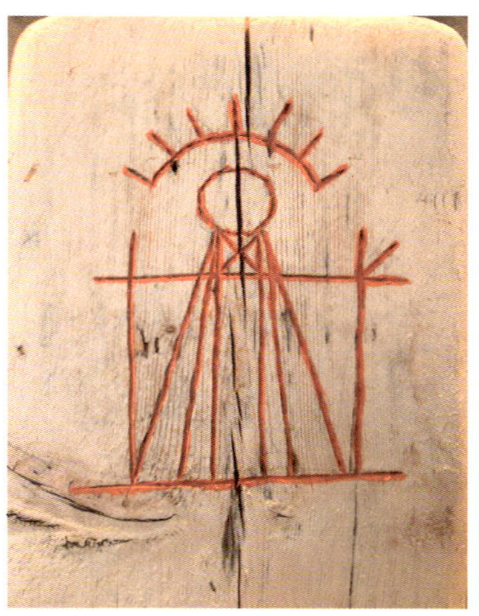

조류는 검독수리, 물수리, 흰꼬리수리, 긴꼬리올빼미 등 200종이 넘는다. 이토록 다양한 조류는 열대 우림지역을 제외하면 지구촌에서 최대 규모다. 또한 오소리, 흰담비, 북극여우, 스라소니, 수달, 엘크사슴, 불곰, 순록 같은 야생동물도 많다.

라플란드의 원주민이자 산타의 후예인 사미족은 원래 순록이 끄는 썰매를 타고 이동하면서 순록을 키우며 살았다. 관광산업이 존재하는 동안은 썰매와 순록을 그럭저럭 보겠지만 그 빈도가 매년 줄어드는 추세다. 지난 5000년 세월 동안 라플란드 라프족의 삶은 순록과 함께였다. 순록은 사미족에게 삶의 시작이자 끝이었다. 야생 순록을 잡아 고기와 젖을 먹었으며, 힘줄은 옷을 꿰매는 데 썼다. 또 순록 가죽은 전통적인 이동식 천막 주택인 '라이토크Laitok'를 만들거나 보온용으로 사용했고, 사육된 순록은 교통수단으로, 짐 옮기는 용도로 이용했다.

그러나 지금은 사정이 조금 다르다. 오늘날 순록을 수렵하는 라프인은 찾아볼 수 없다. 대신 순록을 사육하는 유목인만 있을 뿐이다. 스웨덴에 거주하는 라프인은 대략 3만여 명으로 추정하며, 그중 200~250명 정도가 3만 여 마리의 순록을 사육하며 살고 있다. 이 숫자는 근대 문명이 라플란드에 본격적으로 유입된 20세기 초반의 순록 수에 10분의 1에도 못 미친다. 라프인의 생활에서 현대 문명은 편리함을 선물하고 그들 고유의 문화를 앗아갔다. 순록을 사육하는 라프인조차 썰매 대신 공장에서 생산한 스노모빌을 탄다. 이동식 주택도 사정은 비슷하다.

라플란드의 미래는 불투명하다. 스웨덴 정부에서 라프인의 전통을 보존하기 위해 민속학교를 세워 라프인 고유 언어와 전통문화를 이으려

애쓰고 있지만 역부족이다. 넓은 국립공원과 국립자연보호구역 등은 스웨덴 정부에 의해 잘 보존되고 있지만, 전통적인 삶을 이어가는 라프인은 시간이 지날수록 줄어드는 추세다. 순록이 노닐지 않는 땅, 썰매가 달리지 않는 북구의 스산함은 북풍이 몰아오는 추위보다 더 혹독할 것이다.

전통 마을 …

태초의 숨결을 고스란히 간직한 매혹적인 섬

폴리네시아 ⋯▶ 팔라우

　　북태평양에 떠 있는 폴리네시아 국가 가운데 가장 아름답고 청정한 곳은 어디일까? 지구촌의 하고많은, 때 묻지 않은 풍광을 간직한 나라 중 어느 곳을 꼽을까? 필리핀 남쪽, 태평양 서부 끝의 괌과 뉴기니 사이에 자리한 섬나라, 팔라우Palau. 내가 으뜸으로 꼽고 싶은 곳은 바로 이곳, 팔라우다. 태초의 순결을 고스란히 간직한 자연, 그리고 그곳을 터전 삼아 살아가는 섬의 청정함을 닮은 순박한 주민들이 나를 이곳으로 이끈다.

　　하늘에서 내려다본 팔라우는 시리도록 눈부신 산호 해변, 밀림이 연상되는 울창한 숲, 크고 작은 섬들이 어우러진 풍광으로 끊임없이 탄성

을 자아낸다. 공항을 빠져나와 도심으로 이어지는 도로를 달리다 보면 색다른 점 하나를 발견할 수 있다. 도심 외곽은 물론이고 팔라우 최대 번화가인 코로르Koror 지역에서조차 고층 빌딩을 찾아볼 수 없다는 것. 팔라우에서 최고 높이의 고층 빌딩은 7층짜리 팔라시아호텔Palasia Hotel 한 곳뿐이다.

팔라우의 재정 수입 중 절대적인 비중을 차지하는 것이 관광 수입임에도 이곳에서는 고층 호텔을 찾아볼 수 없다. 호텔 신축은 말할 것도 없고 일반 숙박시설이나 상가를 새로 지을 때도 예외 없이 까다로운 건축법을 적용하기 때문에 새로운 건축물이 들어서기가 쉽지 않다. 팔라우 정부에서 재정 수입의 일익을 담당할 호텔이나 상가의 신축 허가를 엄격히 통제하는 이유는 두말할 것도 없이 자연과 환경을 보호하기 위해서다. 고층 빌딩을 해변이나 숲속에 건설해 자연과 주변 경관을 해치는 것을 극도로 꺼리는 것이다. 팔라우의 전체 인구는 2만 명이 조금 넘는 정도로 매우 적다. 한반도의 8분의 1에 해당하는 면적에 2만 명이 거주하는 만큼 빌딩 몇 개를 지어 올린들 크게 문제 될 것도 없겠지만, 팔라우 정부에서는 건물 신축을 철저히 제한하고 있다.

팔라우의 자연보호 정책은 엄격하기로 이름 높다. 관광객의 출입을 허가하는 팔라우 섬의 수를 봐도 팔라우 정부의 자연보호 정책이 얼마나 단호한지 알 수 있다. 팔라우는 260여 개의 크고 작은 섬으로 이루어진 도서국가다. 대표적인 휴양지로 알려진 타히티와 몰디브는 특별한 경우를 제외하고는 모든 섬을 개방하지만, 팔라우는 조금 다르다. 팔라우의 경우, 관광객이 출입할 수 있는 섬은 고작 30~40곳에 불과하며,

· 세븐틴 ㅇ-일랜드 인근의 아름다운 밀키웨이 풍경
: 팔라우 섬에서 작은 카약과 스노클링을 즐기는 관광객들

팔라우의 최대 번화가, 코로르 지역의 상점 벽을 장식하고 있는 광고판
폴리네시안 고유의 전통 문양으로 꾸며진 가옥   옛 원주민들이 생활했던 숲속의 전통 가옥

스킨스쿠버를 즐길 수 있는 장소도 많은 섬 중에 몇십 곳으로 제한하고 있다. 이렇듯 팔라우에서는 대부분의 섬과 바다를 통제하고 있다. 이 또한 태초의 모습이 고스란히 보존되어 있는 해양식물과 어류, 해저 등을 보호하기 위해서다. 만약 출입이 허가되지 않은 팔라우의 섬에 몰래 들어갔다가 적발되면, 내외국인을 불문하고 현장에서 벌금을 부과당한다. 뿐만 아니라 자연을 훼손할 경우 엄중한 처벌까지 감수해야 한다.

문명에 훼손되지 않은 청정 지역으로 알려진 팔라우에는 자랑거리가 많다. 대표적인 것이 화강암으로 이루어진 섬이다. 태평양이나 인도양에 떠 있는 섬들 대부분이 깨끗하고 아름답지만, 팔라우만큼 나무가 많은 곳은 드물다. 오스트레일리아 북쪽의 뉴기니와 남서태평양 누벨칼레도니아누칼레도니아의 일부 섬에도 울창한 수림이 분포되어 있지만 모든 섬에 거대한 숲이 조성된 곳은 팔라우가 유일하다.

팔라우의 청정한 생태계와 모래사장, 그림처럼 아름다운 풍경은 어느 섬에서나 만날 수 있지만, 그중에서도 세븐틴 아일랜드Seventeen Islands만큼 매혹적인 곳은 없다. 17개 섬으로 이루어진 지상 낙원, 세븐틴 아일랜드를 제대로 관망할 수 있는 곳은 하늘이다. 끝없이 펼쳐진 쪽빛 바다와 모래사장, 거대한 나무들로 가득한 섬, 섬 사이를 질주하는 제트보트. 시선에 잡히는 세븐틴 아일랜드의 환상적인 풍광은 탄성마저 멈추게 만든다.

롱비치, 해파리 호수Jellyfish Lake, 스킨스쿠버 포인트, 열대 숲 등 흥미를 자극하는 곳이 즐비한 세븐틴 아일랜드 중에서도 해파리 호수는 가장 독특한 생태계를 엿볼 수 있는 곳이다. 지상 어디서도 찾아볼 수 없는 해파리 호수는 온통 바다로 둘러싸인 섬 한가운데 형성된 호수다. 이곳의 해파리들은 섬 바깥의 바닷물과 차단된 채 호수에 갇혀 천적 없이 살다가 촉수의 독성이 퇴화되었다고 한다. 그 때문에 이곳 해파리 호수에서는 형형색색의 해파리들과 어울려 스노클링을 즐길 수도 있다. 해파리 호수 역시 자연 환경을 지키려는 팔라우 주민과 정부가 각고의 노력으로 빚어낸 결과물이다.

세븐틴 아일랜드 이외에도 사람들을 매혹하는 장소는 수없이 많다. 그림처럼 아름다운 파라다이스 섬, 연인끼리 달콤한 시간을 보낼 수 있는 허니문 섬, 신비로운 동굴과 폭포, 바닷물을 먹고 자라는 맹그로브 군락지, 바위에 뿌리를 내린 나무들로 가득한 이름 없는 섬까지.

팔라우 공화국의 옛 수도 코로르는 팔라우의 상업 중심지이지만, 번화한 도시라기보다는 마을에 가깝다. 코로르 거리를 걷다 보면 독특한 분위기의 가게와 주택들이 자주 눈에 띈다. 이런 건물들 벽과 모퉁이에는 어김없이 그림이 그려져 있다. 이 벽화들은 방문객들에게 볼거리를 제공하려는 목적도 있지만, 그보다는 조상 대대로 이어온 팔라우의 문화를 보존하려는 목적이 더 강하다.

'신들의 섬'이라 불리는 팔라우는 깨끗하고 아름다운 자연 관광지 이외에도 사람들의 이목을 끌 만한 장소가 많다. 2차 세계대전 당시 미국과 일본군이 치열한 교전을 벌였던 곳에는 미군의 대포에 격침된 일본군 전투기와 전함의 잔해가 남아 있으며, 돌고래 서식지와 원주민의 생활상을 엿볼 수 있는 장소도 즐비하다. 전통을 보존하고 아름다운 자연이 함께 하는 팔라우. 그래서 이곳에 매혹당하는 이가 늘어나는 것이 아닐까.